| 일러두기 |
- 인명과 지명은 국립국어원의 외래어 표기법을 따르되 이미 굳어진 경우 관례에 따라 표기했습니다.
- 역사 용어는 학계의 일반적인 표기를 따랐습니다.
- 이 책에 실린 사진 중 저작권자와 접촉이 되지 않는 등 불가피한 사정으로 사용 허가를 받지 못한 사진에 대해서는 저작권자의 허락을 구하는 대로 승인을 받고 사용료를 지불하겠습니다.
- 이 책에 실려 있는 지도와 그림의 저작권은 별도의 표기가 없는 한 (주)스푼북에 있습니다.

9 냉전 체제와 현대 세계
글 박효연 그림 이은열 감수 박소연·손은혜
한눈에 세계사
추가
열달

• 차례

1장
아시아·아프리카의 민족 운동 ⋯ 006

인도의 독립 운동 | 동남아시아의 독립 운동 | 중국의 반외세 민족 통일 운동 | 터키의 반외세 독립 운동 | 아프리카의 독립 운동

2장
냉전의 시대, 둘로 나뉜 세계 ⋯ 030

냉전의 시작 | 소련의 성장과 미국의 봉쇄 정책 | 미국과 소련에 의해 둘로 나뉜 독일 | 6·25 전쟁과 남북으로 나뉜 한반도 | 쿠바 혁명과 핵전쟁 위기 | 우주 개발 전쟁 | 중국을 후퇴시킨 대약진 운동 | 마오쩌둥의 문화 대혁명 | 중국의 경제 성장과 톈안먼 사건 | 냉전의 절정, 명분 없는 베트남 전쟁

3장
녹아내린 냉전 ⋯ 064

동유럽에 부는 자유의 물결 | 제3 세계의 등장 | 공동체로 경제 성장을 이룬 유럽 | 프랑스 5월 혁명과 세계로 번진 68 혁명 | 미국에 퍼진 민권 운동 | 흔들린 냉전과 평화의 움직임 | 독일 통일로 가는 동방 정책

4장
사회주의의 몰락과 신자유주의 ··· 092

이스라엘 건국과 중동 전쟁 | 중동 전쟁과 흔들린 세계 경제 | 석유 파동과 실패한 케인스주의 | 시장을 자유롭게, 신자유주의의 등장 | 아프가니스탄 전쟁과 소련의 실패 | 냉전의 끝과 다시 찾은 자유 | 역사 속으로 사라진 소련 | 자유의 함성과 무너진 베를린 장벽 | 자유의 바람과 동유럽 국가들의 시련

5장
현대 사회의 문제와 미래 사회 ··· 124

환경 문제 | 신자유주의 확산에 따른 빈부 격차의 심화 | 난민 문제 | 기아와 질병 문제 | 군비 경쟁과 반전 반핵 운동 | 미래 사회를 위한 준비

1장
아시아·아프리카의 민족 운동

| 인도의 독립 운동
| 동남아시아의 독립 운동
| 중국의 반외세 민족 통일 운동
| 터키의 반외세 독립 운동
| 아프리카의 독립 운동

제1차 세계 대전이 끝난 뒤 전쟁을 수습하기 위해 개최된 파리 강화 회의에서 주장된 윌슨 대통령의 민족 자결주의는 식민지 지배를 받는 민족들에게 희망을 던져 주었어. 실제로 체코슬로바키아, 에스토니아, 헝가리, 라트비아 등 여러 나라가 민족 자결주의에 힘입어 독립을 이루었지. 그러나 제1차 세계 대전의 승전국이었던 연합국들이 지배하던 식민지는 민족 자결주의와 상관이 없었어. 이집트와 베트남, 인도네시아 등 아프리카와 아시아의 약소민족은 식민지에서 벗어나지 못했지. 그 이후로 세계 곳곳에서는 민족 운동이 활발하게 일어났단다. 독립을 부르짖으며 시위운동에 참가하는가 하면 제국주의에 맞서 전쟁을 벌이기도 했지. 한편 소련의 등장으로 중국이나 베트남에서는 사회주의가 민족 운동에 큰 영향을 끼치기도 했어.

자, 그럼 이제부터 아시아와 아프리카의 민족 운동에 대해 살펴보도록 하자.

▲ 이집트 혁명

인도의 독립 운동

탕, 탕, 탕! 고막을 때리듯 울려 퍼지던 총성은 군인들의 총알이 다 떨어져서야 멈추었어. 순식간에 수많은 인도인들이 총에 맞아 쓰러졌지. 훗날 인도 국민 회의는 학살 당시 사망자는 약 1,000명이며 부상자도 1,500명에 이른다고 발표했어.

1919년 학살이 있었던 그날 펀자브주 암리차르시의 황금 사원에는 수많은 사람이 있었어. 인도의 독립을 요구하는 시위대들이 있었지만 대부분은 봄맞이 축제를 즐기러 나온 시민들이었지. 그런데도 영국의 군사령관 레지널드 다이어 대령은 황금 사원에서 나오는 인도인들을 향해 무차별 사격을 명령했어. 영국 정부의 집회 금지 법령을 어겼다는 것이 이유였지.

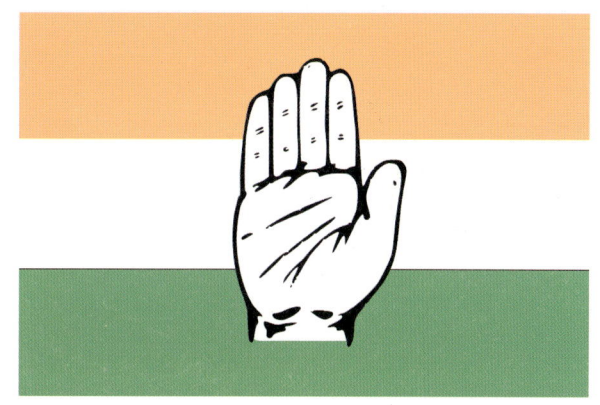

▲ 인도 국민 회의 깃발

당시 인도에서는 독립을 요구하는 목소리가 높아지고 있었어. 제1차 세계 대전 당시 영국이 인도에 도움을 청하면서 독립을 약속했기 때문이야. 인도는 영국의 말을 철석같이 믿고 80만 명이 넘는 인도 군인들을 전쟁터로 보냈어. 또한 모금 운동을 벌여서 영국에 전쟁 자금을 보태기도 했어. 그런데 막상 전쟁이 끝나고 나니 영국의 태도는 돌변했어.

약속이 지켜지지 않자 인도인들은 영국에 저항하기 시작했어. 특

▲ 암리차르시의 학살을 묘사한 그림

히 병력과 전쟁 물자를 대규모로 공급했던 펀자브주에서 강하게 불만이 터져 나왔지. 그런 상황에서 영국은 독립 운동가들을 체포했고 시위는 더욱 과격해졌어. 시위대는 시내로 진출하여 영국인들을 살해하고 영국인 여성 선교사를 마구 때렸어. 영국 정부는 급기야 집회를 금지시켰어. 그러나 암리차르시의 학살이 있던 날 황금 사원에 모인 인도 시민 대다수는 집회 금지 법령이 내려진 것도 모른 채 참변을 당했던 거야.

"이 도시를 잿더미로 만들어 버리겠어."

다이어 대령은 영국인들이 살해당했다는 소식을 듣자 이런 다짐을 했다는구나. 어쩌면 암리차르시의 학살은 다이어 대령의 분풀이였는지도 몰라. 이 사건으로 인도 전체는 크게 들끓었어. 몇몇 인도인

▼ 암리차르시 학살 당시 총알 자국

◀ 암리차르시에 있는 추모비

들은 창과 칼을 들어야 할 때라고 주장했지. 곳곳에서 폭력 사태가 이어졌고 수많은 인도인들이 다치거나 목숨을 잃었어.

그때 인도의 민족 해방 운동 지도자인 마하트마 간디가 새로운 방식의 저항을 시작했어.

"나는 비폭력주의야말로 인간의 가장 강한 무기라고 믿습니다. 무장도 하지 않은 채 적 앞에 가슴을 드러내고 죽을 수 있는 사람이야말로 누구보다 강한 군인입니다. 영국 정부가 여러분의 명예를 빼앗을 경우 비협조적인 방법으로 저항하십시오."

간디는 비폭력과 비협조를 강조하며 영국 상품 불매와 세금 납부 거부를 몸소 실천했어. 당시 영국은 인도에서 영국제 옷만 팔 수 있게 하거나 소금에 세금을 과하게 매기는 방식으로 인도의 경제를 어지럽혔거든. 간디는 영국의 면제품을 사는 대신 직접 물레를 돌려 옷을 만들어 입었어. 또한 소금제 폐지를 주장하며 단디 해변까지 24일 동안 걸어가서 직접 소금을 만들었지. 간디는 소금법을 어겼다는 이유로 체포되기도 했어.

당시 인도에서는 소금을 직접 만드는 것이 불법이었어. 간디는 이러한 인도의 현실을 만방에 알리고자 법을 어겨 가면서까지 저항한 거야.

▼ 간디의 소금 행진

▲ 간디의 소금 행진을 기록한 동전

인도의 또 다른 독립 운동가인 자와할랄 네루는 간디와 달리 적극적인 파업과 투쟁을 강조했어. 영국 황태자가 인도를 방문했을 때 인도인들은 네루의 지휘에 따라 대규모 파업을 일으켰지. 네루는 이처럼 투쟁을 일삼다가 감옥에 아홉 번이나 끌려갔어. 결국 간디와 네루가 이끄는 독립 운동은 결실을 거두었어. 1935년에 각 주별로 자치권을 획득하게 되었거든. 물론 인도가 완전한 독립을 이룰 때까지 인도인들의 저항은 계속되었어.

제2차 세계 대전 뒤에도 인도의 독립 운동은 이어졌어. 하지만 전쟁에서 승리한 연합국 중 하나였던 영국이 인도가 독립하도록 곱게 내버려 둘 리 없었지. 그러자 불복종 운동을 이끌었던 간디를 중심으로 인도인들이 뭉쳤어. 시간이 갈수록 인도 전역은 독립을 바라는 사람들의 열망으로 가득했어.

"자칫하다간 독립을 원하는 인도인에게 우리가 피해를 당할지 몰라. 무슨 수를 써야겠어."

영국은 고민했어. 그리고 곧 좋은 생각이 떠올랐지. 바로 인도 안에서 이슬람교를 믿는 사람들과 힌두교를 믿는 사람들을 싸우게 하는 방법이었어. 이전부터 종교 갈등이 있던 곳이라 아주 좋은 방법 같았지. 하지만 독립을 원하는 인도인에게 종교는 문제가 되지 않았어. 당시 사람들은 한마음 한뜻이 되어 독립을 부르짖었어. 독립을 원하는 인도인의 시위는 더욱 거세졌고 영국은 시위를 강경하게 진압했어. 비폭력 시위를 이끌었던 간디 역시 감옥에 갇히는 신세가 되고 말았어.

　이렇듯 인도인들의 끊임없는 독립 운동의 성과가 나타나기 시작했어. 영국에서 처칠이 이끄는 보수당이 선거에서 패배하고 난 뒤 수상이 된 노동당의 애틀리가 정권을 잡고 인도의 독립을 승인해 주었어.

　1947년 마침내 인도가 독립했어. 그러나 기쁨도 잠시, 인도에 또 다른 시련이 닥쳐왔어. 독립 운동으로 잠시 묻어 두었던 종교 문제가 수면 위로 떠올랐거든. 인도에 있던 이슬람교도들이 힌두교도들로부터 독립하기를 바란 거야. 몇 차례 양측이 충돌한 뒤 결국 이슬람교인 파키스탄이 분리되었어. 인도는 영국으로부터 독립을 이루었지만 결국 민족이 나뉘는 시련을 겪지.

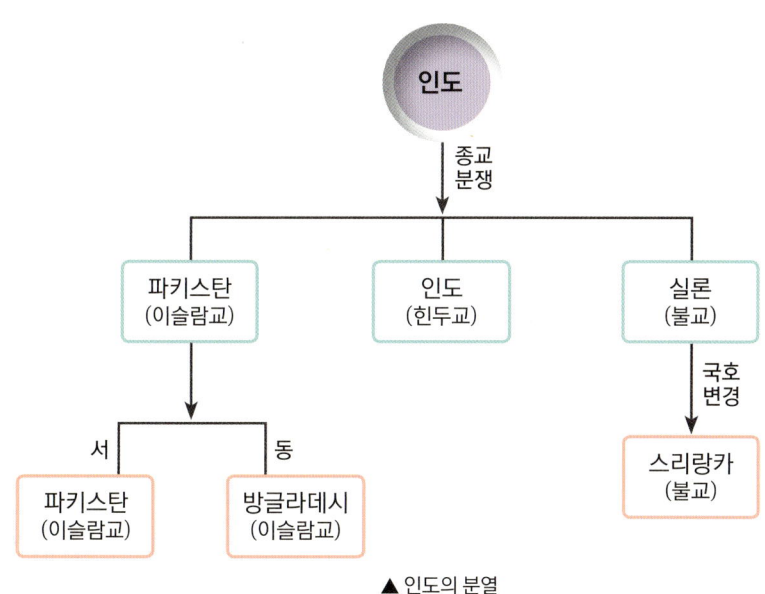

▲ 인도의 분열

폭력 대신 사랑을, 마하트마 간디

간디는 인도의 민족 운동을 이끈 지도자야. 영국 식민지 기간 동안 인도의 독립을 이끌었지. 간디는 폭력 사용을 반대하며 영국 상품 불매, 세금 납부 거부, 평화적 파업 등의 불복종 운동을 전개했어. 간디의 불복종 운동은 인도 전역에 퍼졌고 많은 인도인이 간디의 저항 운동에 동참했어. 이에 위협을 느낀 영국은 간디를 체포해 감옥에 가두기도 했어. 인도는 1947년 꿈에 그리던 독립을 이루었지. 하지만 불행히도 간디는 종교 분쟁으로 인해 힌두교도에게 암살되고 말아. 간디가 세상을 떠난 뒤에도 그의 사상은 남아 인도인들을 비롯한 세계인에게 많은 감명을 주고 있어. 간디의 불복종 운동은 독립을 염원하는 여러 나라에 번져, 그들의 독립 운동에도 영향을 주었지.

▲ 영국의 면직물을 사용하지 않기 위해 물레를 돌려 옷을 만들어 입자는 운동을 벌인 간디

▼ 간디의 초상이 그려진 인도 화폐 루피

꺼지지 않는 갈등, 카슈미르 지역

인도는 1947년 영국에서 독립하며 힌두교도가 많은 일곱 개의 주는 인도가, 이슬람교도가 많은 두 개의 주는 파키스탄이 되었어. 이들 나라 사이에는 카슈미르라는 지역이 있었어. 이곳에 거주하는 사람들은 대부분이 이슬람교도이지만 소수의 힌두교도들이 권력을 갖고 있었지. 다수의 이슬람교도 주민들은 파키스탄으로 편입될 것을 원했지만, 힌두교도인 카슈미르 지도자가 인도로 들어갈 것을 선택하자 이슬람교도는 이에 반발하며 대규모 시위를 벌였어. 수차례 싸움을 반복하고 나서야 1972년 정전 협정이 이루어졌고, 통제선을 경계로 파키스탄과 인도가 카슈미르 지역을 나누어 다스리기로 했어. 하지만 여전히 이곳은 언제 다시 갈등이 불거질지 모르는 지역 중 하나로 남아 있어.

◀ 카슈미르 분쟁 위치

동남아시아의 독립 운동

동남아시아 여러 국가도 자치 또는 독립을 약속받고 제1차 세계 대전에서 연합국을 지원했어. 그러나 전쟁이 끝나고 약속이 지켜지지 않자 독립 운동을 전개했지. 네덜란드의 지배를 받던 인도네시아에서는 수카르노가 중심이 되었어. 수카르노는 대학생 시절부터 독립 운동을 펼치다가 1927년에 인도네시아 국민당을 만들었어. 수카르노는 '하나의 땅, 하나의 민족, 하나의 언어, 인도네시아'라는 표어를 내세웠어. 수카르노를 중심으로 한 인도네시아는 독립 운동을 꾸준히 전개하여 제2차 세계 대전 이후 독립을 달성했어.

▲ 수카르노

프랑스의 식민지였던 베트남 독립 운동의 중심에는 호찌민이 있었지. 가난한 집안에서 태어난 호찌민은 우연한 기회에 프랑스로 건너가 식민지 해방 운동을 시작했어. 그리고 소련을 방문하여 공산당의 혁명 사상을 배운 뒤 중국으로 가서 '베트남 혁명 청년 동지회'를 결성했어. 1941년에는 민족 해방을 꿈꾸며 베트남으로 몰래 들어가 세력을 키워 나갔어. 결국 1945년 베트남 민주 공화국을 수립했지. 하지만 프랑스가 독립을 반대하면서 이후 독립을 위한 전쟁을 벌였어.

▲ 호찌민

중국의 반외세 민족 통일 운동

제1차 세계 대전이 터지자 영국과 동맹 관계인 일본이 중국 대륙을 침략했어. 그러고는 독일의 조차지인 칭다오로 쳐들어가서 산둥반도 일대를 점령했지. 독일을 공격한다는 핑계로 중국에 슬그머니 발을 들여놓았던 거야. 당시 중국은 청이 무너지고 중화민국이 막 들어선 참이라 나라 전체가 혼란스러웠어. 그 틈을 놓치지 않고 쳐들어온 일본은 중화민국의 총통인 위안스카이에게 21개의 요구 사항을 제시했어. 이 '대중국 21개조 요구'는 중국에 대한 독일의 권리를 일본에 모두 넘기라는 거였어. 게다가 무슨 일이든 일본에 허가를 받으라는 조항도 들어 있었지. 당시 중화민국은 일본에 맞설 힘이 없었기 때문에 어쩔 수 없이 21개조 요구를 받아들였어. 그리고 얼마 뒤 제1차 세계 대전이 끝났어.

연합군을 도왔던 중국은 파리 강화 회의에 참석하여 다음과 같이 주장했어.

"다들 알다시피 우리 중국도 연합국 측에 협조했소. 60만 명이 넘는 중국인 노동자 부대가 연합군을 도왔잖소. 그러니 일본의 21개조 요구를 무효화시켜 주시오."

제1차 세계 대전 중 중국인 노동자 부대는 연합군을 위해 참호를 파거나 탄약을 운반하는 등

> 조차지는 특별한 합의에 따라 어떤 나라가 다른 나라에 일시적으로 빌려준 영토의 일부를 가리킨단다. 청은 독일에 칭다오를 99년 동안 빌려주는 치욕적인 조약을 맺었지.

▲ 위안스카이

▲ 제1차 세계 대전 당시의 중국인 노동자

온갖 험한 일을 도맡았어. 러시아 서부 전선에서만 무려 3만 명가량의 중국인 노동자들이 사망하기도 했단다. 그러나 영국은 중국의 요구에 고개를 저었어. 일본과의 오랜 동맹 관계를 깨고 싶지 않았기 때문이야. 전쟁이 끝났는데도 일본의 간섭을 받아야 하다니 중국인들은 회의 결과에 실망과 분노를 감추지 못했어.

1919년 5월 4일, 베이징의 대학생 2만 5,000명은 톈안먼 광장에 모여 중국 정부를 향해 시위를 벌였어.

"일본의 21개조 요구를 취소하라! 파리 강화 회의를 거부하라! 친일파를 처벌하라!"

▲ 5·4 운동에 참여한 중국 국민들

대도시를 중심으로 시작한 시위는 급격하게 전국으로 퍼져 나갔어. 이를 가리켜 5·4 운동이라고 한단다. 위기를 느낀 중국 정부는 경찰을 동원해 1,000명 정도의 학생을 체포했어. 정부의 태도에 크게 실망한 중국인들은 벌 떼처럼 들고일어났어. 학생들은 학교에 가지 않았고 상인은 상점 문을 닫았으며 공장 노동자 역시 파업을 벌였지. 5·4 운동을 계기로 중국에서는 민족 운동이 더욱 활발해졌단다.

5·4 운동 이후 중국에서는 특히 일본 제국주의를 타도하자는 목소리가 높아졌어. 또한 일본과 손잡은 군벌 세력을 무찔러야 한다는 주장이 터져 나왔지. 군벌 세력은 무장한 군대를 갖추고 일부 지역을 지배한 세력으로, 청이 무너진 뒤 중국 곳곳에서 등장하여 치열한 세력 다툼을 벌였어. 중국 혁명의 지도자인 쑨원은 국민당 정부를 세우고 군벌과의 전쟁을 선포했어. 그러나 국민당의 군사력으로는 아직 군벌 세력을 이길 수 없었어. 그때 중국의 공산당이 쑨원에게 손을 내밀었어. 쑨원의 국민당과 중국 공산당은 힘을 합쳐 민족 통일 운동을 펼쳤어. 이것이 바로 제1차 국공 합작이란다.

그러나 쑨원이 세상을 떠나자 국민당과 공산당 사이에는 틈이 벌어졌어. 쑨원의 뒤를 이은 장제스가 사회주의자와 공산당을 못마땅하게 여겼거든. 장제스는 상하이에서 쿠데타를 일으켜 공산당을 쫓아냈어. 그리고 난징에 새 국민당 정부를 수립했어.

그 와중에 일본의 무력 침략은 본격화되었어. 1931년에 만주 사변을 일으키더니 이듬해에 만주국을 세워 만주를 장악했던 거야. 중국 국민들은 국민당과 공산당이 합쳐서 일본을 몰아내야 한다고 요구했어. 그러나 국민당의 장제스는 공산당과 손잡는 것만은 하고 싶지 않았어.

러시아 혁명이 성공한 이후 중국에도 사회주의가 빠르게 퍼져 나갔어. 그 결과 1921년에 중국 공산당이 만들어졌단다.

만주 사변은 일본이 만주를 침략하며 일으킨 전쟁이야. 일본군은 자기들이 관리하던 철도를 폭파한 뒤 이를 중국이 한 일이라고 트집 잡아 만주를 공격했어.

◀ 장제스

"일본군은 피부병에 불과하지만 공산당은 심장병이다."

장제스는 국민당의 동북군 총사령관인 장쉐량에게 공산당을 쳐부수라고 명령했어.

장쉐량은 장제스에게 간청했어.

"지금은 공산당과의 싸움을 멈추고 일본군에 맞서 싸울 때입니다."

그런데도 장제스가 공산당을 끝까지 거부하자 장쉐량은 장제스를 체포하고 감금했단다. 이것이 1936년에

역사 속 상식 쏙

만주국 황제

▲ 푸이

청의 광서제가 죽자 아들 푸이가 세 살의 나이로 청의 12대 황제가 되었어. 3년 뒤 신해혁명으로 청이 멸망하자 푸이는 중국의 마지막 황제가 되었어. 황제 자리에서 물러난 푸이는 자금성에 계속 머물렀어. 1924년 베이징을 점령한 군벌에 쫓겨난 푸이는 일본 공사관으로 몸을 피했지. 당시 만주에는 일본군인 관동군이 머물러 있었어. 관동군은 중국의 국민당과 공산당이 베이징까지 밀려들자 걱정스러웠어. 자칫하면 만주를 내놓아야 할 것 같았거든. 머리를 이리저리 굴리던 관동군은 푸이에게 만주로 오라고 꼬드겼어. 황제 자리를 내주겠다는 관동군의 말에 푸이는 망설임 없이 만주로 향했지. 관동군은 중국 동북부에 만주국을 세운 뒤 푸이를 황제로 세웠어. 하지만 모든 실권은 일본 관동군의 사령관이 장악했단다. 1945년에 관동군이 소련군에 쫓기는 신세가 되면서 만주국은 붕괴되었고 푸이는 다시 황제 자리에서 내려와야 했어.

일어난 시안 사건이야. 결국 장제스는 공산당과 싸우지 않겠다고 약속한 뒤 풀려났어. 그 뒤 국민당은 1937년 제2차 국공 합작을 통해 공산당과 함께 항일 투쟁에 나섰지. 8년여에 걸친 전쟁을 통해 결국 국민당과 공산당은 중국에서 일본군을 몰아냈어. 그리고 전쟁 과정에서 공산당은 농촌 지역을 중심으로 지배 지역을 확대했지.

일본군이 항복한 이후 국민당과 공산당 사이에 내전이 발생했어. 결국 공산당이 승리하여 1949년 중화 인민 공화국 수립을 선포했어. 그리고 국민당 정권은 타이완으로 정부를 옮겼지.

터키의 반외세 독립 운동

오스만 제국의 장군인 무스타파 케말은 책상을 쾅 내리쳤어.

"어이가 없군. 연합국이 우리 땅을 제멋대로 나눠 갖겠다니!"

연합국은 세브르 조약을 통해 동맹국이었던 오스만 제국을 산산조각 내고 있었어. 우선은 오스만 제국이 지배하던 아르메니아 민족과 쿠르드 민족을 독립시켰고, 에게해 동쪽 지역을 그리스에 떼어 주었어. 그 외에도 몇몇 지역은 연합국이 나눠 가졌지. 하지만 오스만 제국의 술탄인 메흐메드 6세는 연합국이 내미는 세브르 조약을 순순히

▲ 케말

받아들였단다.

케말은 연합국에 순응적 태도를 보이는 오스만 제국을 비난하며 세브르 조약의 무효를 선언했어.

"튀르크인은 용감한 이들의 자손이다. 이 민족은 자유 없이 살아오지 않았고, 살아갈 수도 없으며, 살아가지 않을 것이다."

케말은 제1차 세계 대전에서 여러 차례 승리하며 전쟁 영웅으로 떠오른 인물이었어. 세브르 조약 이후 수많은 병사들이 케말의 군대로 들어가 독립군이 되었지. 그리고 케말의 지휘에 따라 그리스군과 프랑스군, 러시아군을 상대로 전투를 벌였어. 케말의 독립군 외에도 연합군에 맞서는 세력이 나타났어. 오스만 제국 곳곳에서 민병대가 조직되어 총칼을 들고 연합군을 무찔렀던 거야. 말하자면 튀르크인이 한마음으로 유럽 열강의 지배에 저항했던 거지.

케말의 독립군과 가장 치열하게 맞붙은 나라는 그리스였어. 그리스는 세브르 조약을 통해 오스만 제국의 땅을 넘겨받은 상태였기에 케말의 독립군을 그냥 둘 수가 없었어. 그리스군은 케말의 독립군이 주둔하고 있는 앙카라로 진격했지. 당시 연합군의 지원을 받고 있던 그리스군은 호락호락한 상대가 아니었어. 그리스군의 공격에 독립군은 앙카라 근처의 사카리아강까지 밀려났단다. 케말의 독립군과 그리스군이 사카리아 강변에서 벌인 전투를 사카리아 전투라고 해.

사카리아 전투는 1921년 8월 23일에 시작되어 21일간 밤낮없이 이어졌어. 양측 모두 총알이 바닥날 때까지 죽기 살기로 싸웠지. 전

▲ 사카리아 전투를 묘사한 그림

투 결과 그리스군은 2만 2,000명의 사상자를 기록한 반면, 독립군은 3만 8,000명이 목숨을 잃거나 다쳤어. 독립군의 사상자가 더 많았지만 전쟁 물자가 부족했던 그리스군은 더 이상 버티지 못하고 후퇴하기 시작했어. 사카리아 전투는 결국 독립군의 승리로 돌아갔지. 사카리아 전투에서 그리스가 패배했다는 소식에 연합군은 오스만 제국에서 슬슬 발을 빼기 시작했어. 그리스군의 전력과 사기는 점점 약해졌지.

터키는 '튀르키예'의 영어식 발음으로 '튀르크인의 땅'이라는 뜻이란다. 나라 이름에서도 이슬람교보다는 튀르크 민족을 강조하고 있다는 것을 알 수 있어.

이듬해 독립군은 만반의 준비를 갖춘 뒤 대반격에 나섰어. 그리스군은 힘없이 밀려났지. 독립군은 그리스군의 점령지를 차례차례 빼앗으며 아나톨리아반도를 다시 차지했어. 그리스는 세브르 조약으로 얻은 땅을 모두 포기하고 물러나야 했지. 위기를 느낀 연합국은 오스만 제국과 새로운 조약을 맺기 위해 술탄 메흐메드 6세를 스위스 로잔으로 불렀어.

그 사실을 알게 된 케말은 의회에 다음과 같이 요청했어.

"허수아비나 다름없는 술탄은 우리에게 필요 없소. 그러니 술탄 제도를 폐지해 주시오."

의회는 케말의 요청대로 술탄 제도를 법으로 폐지시켰어. 메흐메드 6세는 부랴부랴 궁궐을 빠져나온 뒤 영국 군함을 타고 떠났단다.

1923년 10월에 의회는 아나톨리아반도 일대를 영토로 하는 튀르크인의 독립 국가 터키 공화국을 선포하고 케말을 대통령으로 선출했어. 몇 달 뒤, 터키와 연합국은 로잔 조약을 맺었어. 연합국은 '터키가 주권 국가이며, 아나톨리아반도는 터키의 영토'라는 사실을 인정해 주었어.

대통령이 된 케말은 이슬람 율법으로 나라를 다스리지 않았어. 예전과 달리 종교와 정치를 확실히 분리시켰단다. 또한 서구식 정치 제도를 도입하고 아내를 여럿 두는 일부다처제를 없앴어. 여성의 히잡 착용을 법으로 강요하지 않았으며 여성도 남성과 똑같이 교육을 받도록 했지. 터키는 과거의 오스만 제국과 전혀 다른 나라로 거듭났어. 터키인들은 케말을 '아타튀르크'라고 부르며 따랐어. 아타튀르크는 '터키의 아버지'라는 뜻이야. 그러나 격무에 시달리던 케말은 건강이 급속도로 나빠져서 1938년 11월 10일에 세상을 떠났어. 터키인들은 11월 10일을 무스타파 케말의 추모일로 정하고 매년 추도 행사를 연단다.

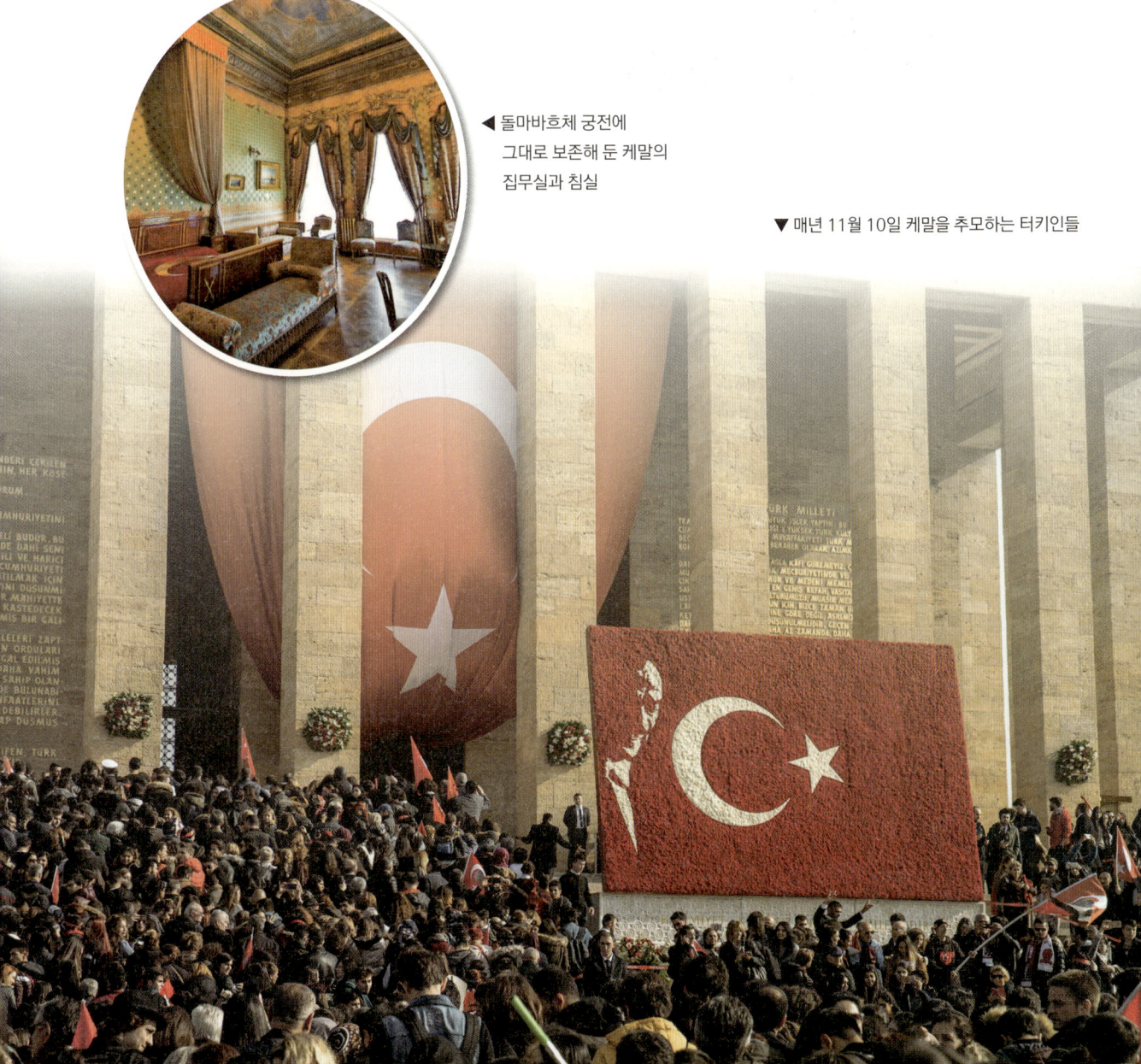

◀ 돌마바흐체 궁전에 그대로 보존해 둔 케말의 집무실과 침실

▼ 매년 11월 10일 케말을 추모하는 터키인들

역사 속 상식 쏙

쿠르드족

터키가 공화국으로 독립 국가가 되었지만 터키의 압력으로 독립을 이루지 못한 민족도 있단다. 지구상에는 나라가 없는 민족이 여럿 있어. 그중에서 최대의 민족은 인구수가 거의 3000만 명이나 되는 쿠르드족이야. 오늘날 터키와 이라크, 이란의 산악 지대에서 주로 거주하고 있단다. 오스만 제국의 지배를 받던 쿠르드족은 제1차 세계 대전 이후에 자치권을 갖게 되었어. 연합국이 쿠르드인이 많이 살고 있는 지역을 독립시켜 주기로 합의했거든. 그러나 무스타파 케말이 독립 전쟁을 일으켜 승리를 거두는 바람에 쿠르드족의 독립은 이뤄지지 못했어. 게다가 터키 공화국이 탄생한 뒤로는 다시 튀르크인의 지배를 받아야 했지. 무스타파 케말은 쿠르드족의 문화와 언어를 인정해 주지 않았어. 쿠르드족이 반란을 일으키자 폭격기를 동원할 정도로 과격하게 진압했단다.

▲ 쿠르드족의 전통 의상을 입은 쿠르드족 남성들

아프리카의 독립 운동

서유럽 국가들의 영토 쟁탈 대상이었던 아프리카에서는 제1차 세계 대전 이후 독립의 움직임이 활발하게 일어났어. 영국의 보호국이었던 이집트에서는 1919년 영국에 대한 독립 운동인 '이집트 혁명'이 일어났어. 영국의 억압과 회유 속에서도 독립 운동은 전국적으로 확산됐지. 결국 이집트는 수에즈 운하 관리권을 제외하고 1922년 독립을 달성했어.

제2차 세계 대전 이후 리비아·모로코·튀니지 등 북부아프리카 국가들을 시작으로 본격적인 국민 국가 건설이 시작되었어. 특히 알제리는 프랑스가 독립을 반대하자 민족 해방 전선을 결성하고 8년 동안이나 전쟁을 벌인 뒤에야 독립을 달성할 수 있었어. 가나·나이지리아 등 서아프리카 지역에서는 선거를 통해 새로운 정권이 탄생했어. 그리고 독립을 이룬 아프리카 나라들 중 17개 국가가 1960년 국제 연합에 가입했단다. 이해를 '아프리카의 해'라고 해.

▲ 알제리에 있던 프랑스 군인

📖 세계사가 한눈에 쏙!

01 제1차 세계 대전이 일어난 뒤 영국은 인도의 자치를 약속했지만 그를 지키지 않았다. 이에 전 인도인이 참여하여 자치권을 획득하기 위한 반영 운동이 일어난다. 결국 영국 정부는 제한된 범위에서 인도인의 자치를 허용하는 내용으로 인도 통치법을 개정했다. 하지만 인도는 제2차 세계 대전 이후 종교적인 이유로 인도와 파키스탄으로 나뉘는 시련을 겪는다.

02 동남아시아 여러 국가도 세계 대전이 끝나고 독립 운동을 전개하였다. 인도네시아는 수카르노가 중심이 되어 독립을 달성했고, 베트남은 호찌민을 중심으로 민족주의 세력이 결집했다.

03 중국에서는 1919년 5월 4일 일본의 21개조 철폐와 친일파 차단을 외치는 5·4 운동이 일어났다. 시위는 전국으로 퍼졌으며 이후 중국의 민족 운동이 활발하게 전개되는 계기가 되었다.

04 제2차 국공 합작으로 중국 국민당과 중국 공산당은 손을 잡고 중국에서 일본군을 몰아냈다. 이후 국민당과 공산당 사이에 내전이 발생했고 공산당이 승리하여 중화 인민 공화국 수립을 선포했다. 국민당 정권은 타이완으로 정부를 옮겼다.

05 제1차 세계 대전에서 패배한 오스만 제국은 대부분의 영토를 연합국에 분할 점령당했고 이스탄불과 아나톨리아반도 일부로 영토가 축소되었다. 무스타파 케말은 이에 반발하며 튀르크 민족의 독립 국가 건설을 요구하면서 연합국과 전쟁을 벌였다. 결국 연합국에 승리하며 터키 공화국 수립을 정식 선포했다.

06 유럽 국가들의 주된 영토 쟁탈 대상이었던 아프리카에서는 제1차 세계 대전 이후 독립의 움직임이 활발하게 일어났다. 이집트가 독립을 했고 북부아프리카도 제2차 세계 대전 이후 리비아, 모로코, 튀니지 등 여러 나라가 독립 국가가 되었다.

2장
냉전의 시대, 둘로 나뉜 세계

| 냉전의 시작
| 소련의 성장과 미국의 봉쇄 정책
| 미국과 소련에 의해 둘로 나뉜 독일
| 6·25 전쟁과 남북으로 나뉜 한반도
| 쿠바 혁명과 핵전쟁 위기
| 우주 개발 전쟁
| 중국을 후퇴시킨 대약진 운동
| 마오쩌둥의 문화 대혁명
| 중국의 경제 성장과 톈안먼 사건

제2차 세계 대전 이후 참혹한 전쟁에서 벗어난 세계는 또 다른 문제를 마주해야만 했어. 자본주의를 국가 체제로 하는 미국과 공산주의를 내세운 소련을 중심으로 둘로 나뉜 거지. 미국과 소련은 서로 다른 나라에 자신의 체제를 퍼뜨리려 했어. 동유럽을 사회주의 국가로 만든 소련의 위세가 날이 갈수록 세졌고 미국은 소련을 견제하기 위해 봉쇄 정책을 실시해. 그러면서 경제적으로 어려움을 겪고 있던 유럽 여러 나라를 지원하며 자신들처럼 자본주의 국가가 되게 하지.

하지만 미국의 노력에도 중국이 사회주의 국가 체제를 받아들이자 미국은 세계 여러 나라를 간섭하며 사회주의 국가를 견제했어. 유럽에서는 독일이 소련이 지배하는 동독과 미국의 지원을 받은 서독으로 나뉘었고, 한반도에서는 6·25 전쟁이 일어나 냉전의 절정을 보여 주었어. 소련과 미국의 갈등은 쿠바에서도 이어졌는데 또다시 화염과 폭탄이 오가는 전쟁이 일어날 듯한 아찔한 상황이 진행되기도 했어. 이 시대를 냉전 시대라고 해.

이번 장에서는 냉전이 어떻게 전개되었는지 알아보도록 하자.

냉전의 시작

1945년 8월, 제2차 세계 대전이 일본의 항복으로 끝이 났어. 전쟁은 끝났지만 전쟁에 이긴 나라와 진 나라 모두 경제적·정신적으로 큰 상처를 안게 되었지.

미국과 소련은 제2차 세계 대전 당시 나치 독일과 군국주의 일본을 물리치기 위해 함께 싸우기도 했어. 독일과 일본을 물리치는 게 급선무였거든. 그렇게 연합군의 승리로 전쟁은 마무리되었지. 하지만 제2차 세계 대전이 끝나고 세계는 미국과 소련이라는 강대국을 중심으로 둘로 나뉘기 시작했어.

미국은 민주주의를 내세운 자본주의 체제였고, 소련은 공동체를 중시한 공산주의 체제를 기반으로 하고 있었거든. 이처럼 국가 체제가 다르다 보니 두 나라는 서로가 마음에 들지 않았어. 다행히 두 차례의 세계 대전처럼 물리적인 충돌은 없었지만 언제 전쟁이 터질지 모르는 불안한 날들이 계속되었지. 소련과 미국을 중심으로 경제적·군사적·외교적으로 경쟁을 하는, 눈에 보이지 않는 전쟁, 냉전이 시작된 거야.

전쟁을 막 끝낸 1946년, 미국과 소련은 특히 이 시기에 군사 경쟁이 심했어.

"뭐라고? 소련이 핵을 가졌다고? 우리도 가만히 있을 수 없지!"

"미국이 신무기를 개발했다고? 우리도 당장 연구원을 뽑아 무기를 개발하자!"

> 냉전은 무기를 사용하지 않는 전쟁으로, 무력 충돌을 의미하는 '열전'과 대비되는 용어야.

미국과 소련은 자신들만의 경쟁으로 끝내지 않았어. 다른 나라도 냉전의 세계에 끌어들였지.

◀ 냉전 풍자화야. 겉으로는 서로 웃고 있지만, 뒤로는 칼을 갈고 총을 손보고 있지.

역사 속 상식 쏙

자본주의와 공산주의

• **자본주의**
이윤 추구를 목적으로 상품을 생산하며, 개인의 재산을 인정하는 사회 경제 체제로 더 많은 이익을 얻기 위해 서로 경쟁을 해. 이는 곧 국가 경제의 발전으로 이어지지. 하지만 지나친 경쟁은 자본이 쏠리는 현상의 원인이 되고 결국 빈부 격차가 심하게 나타나지.

• **공산주의**
일반적으로 철학자 마르크스와 노동 운동가 레닌이 만든 '마르크스-레닌주의'를 말해. 모든 생산 수단을 사회가 가지고 개인은 필요에 따라 보수를 받는 사회 경제 체제야. 개인의 이익보다는 공동체의 이익을 우선시해. 모든 국민이 평등하게 이익을 나눠 갖는 게 목표이기 때문에 개인의 재산을 금지하고 자유로운 경제 활동을 제한하지. 공산주의는 일을 열심히 한 사람이나 그렇지 않은 사람 모두 똑같은 대우를 받아. 그 때문에 시간이 지날수록 사람들이 일을 열심히 하지 않는 현상이 나타나게 되는데, 이는 결국 낮은 생산성으로 이어져 경제 성장에 악영향을 줘.

소련의 성장과 미국의 봉쇄 정책

"우리의 세력을 더 넓히려면 공산주의 국가가 많이 건설되어야 해."
"소련 같은 공산주의 국가가 점점 많아지면 안 돼."

소련과 미국은 세계 여러 나라가 자기들을 따라 공산주의나 자본주의 체제를 선택하길 바랐어. 치열한 전쟁을 겪은 동유럽은 제2차 세계 대전이 끝난 뒤 소련의 도움을 받아 나치로부터 해방되었어. 그래서 많은 동유럽 국가가 소련이 원하는 공산주의 체제를 선택했어. 소련 역시 동유럽 국가들을 지원하면서 공산화 세력을 넓히는 데 열심이었지. 이렇게 공산주의 국가가 늘어나자 미국은 위기를 느꼈어. 미국에서도 지식인들을 중심으로 공산주의 이념이 널리 퍼지고 있었거든.

게다가 경제 불황의 영향으로 서유럽과 그리스, 터키에까지 공산당의 영향력이 확대되었어. 자본주의 진영인 미국과 영국은 크게 긴장했어. 공산주의 세력이 늘어날수록 세계 무대에서 자신들이 설 자리는 줄어드니까 말이야.

1947년 미국의 대통령 해리 트루먼은 공산주의 확산을 막기 위해 그리스와 터키에 대한 경제적·군사적 지원 계획을 발표했어. 이것은 '트루먼 독트린'이라고 불리며 미국 외교의 기본 원칙이 되었지.

▲ 트루먼

역사 속 재미 쏙

미국의 매카시즘 열풍

중국이 공산주의 국가가 되고 소련이 원자 폭탄 실험을 성공했어. 이 두 가지 상황을 지켜본 미국은 세계가 점점 공산화가 될 것 같아 불안했어. 급기야 미국에서는 반공 열풍이 불기 시작했지. 미국 내 공산주의자를 찾아낸다며 국가가 국민들을 감시하기 시작했어. 의회는 공직자와 국민들의 간첩 활동을 폭로했지. 소련에 기밀문서를 넘겨줬다는 이유로 처형을 당하는 사람도 생겼어.

반공 열풍은 미국의 상원 의원이었던 조지프 매카시에 의해 절정에 치달았어. 매카시가 미국의 외교 정책을 담당하는 기관인 국무부 안에 205명의 공산주의자가 있다는 말을 했거든. 이 말에 미국인들은 서로를 의심하고, 때로는 자신이 공산주의자가 아니라는 것을 증명해야 했지.

▼ 그리스를 위한 미국의 식량 원조

당시 소련에 의해 공산화가 될 뻔한 터키와 그리스는 트루먼 독트린에 따라 미국의 원조를 받았고, 남아 있던 소련 세력들이 밀려났지.

1947년 미국 국무 장관이었던 조지 캐틀렛 마셜 역시 공산화 세력을 막기 위해 유럽을 경제적으로 도와줘야 한다고 주장했어. 이 계획의 이름은 마셜 플랜(마셜 계획)으로, 유럽 부흥 계획이라고도 해. 마셜 플랜

▲ 마셜

▼ 냉전 체제의 대립과 마셜 플랜

마셜 플랜에 참가한 자본주의 진영
사회주의 진영

은 1948년에 미국 의회로부터 승인되었어. 미국은 이뿐만 아니라 소련의 세력을 테두리 안에 놓고 더 이상 퍼져 나가지 못하게 하기 위한 '봉쇄 정책'을 쓰며 소련의 확장을 막았어. 또한 소련의 주변 국가에 경제적 원조를 해 주며 소련을 더욱 압박했지.

"우리도 가만히 있지 않을 거야!"

소련은 위협을 느꼈어. 그리고 곧 유럽 각국의 공산당 대표들을 모아 코민포름이라는 조직을 만들었어. 코민포름에 가입한 사람들은 각 나라로 돌아가 총파업을 벌이는 등 행동에 나섰지. 미국과 소련의 대립은 날이 갈수록 치열해졌어.

> 코민포름은 국제 공산당 정보 기관이야. 소련 및 동유럽의 정치적 상황을 분석하고, 공산당의 활동 방침을 전파하는 기관이었지.

미국과 소련에 의해 둘로 나뉜 독일

제2차 세계 대전이 끝나고 독일은 미국, 소련, 영국, 프랑스의 지배를 받았어. 독일의 서쪽 지역은 미국, 프랑스, 영국이 맡았고 동쪽 지역은 소련이 차지하고 있었지. 수도 베를린은 네 나라가 공동으로 관리했어.

냉전이 한창인 시대에 미국은 독일에 민주주의 정권을 세우고자 했어. 반면 소련은 독일이 공산주의 정권이 들어서길 바랐지.

"독일이 공산주의 국가가 되는 걸 막아야 하오. 그러기 위해선 마셜 플랜을 실행할 수밖에 없소."

미국은 마셜 플랜으로 독일의 전쟁 복구를 도왔어. 한편 미국·영국·프랑스는 자신들이 점령하고 있던 독일의 서쪽 지역에 정부를

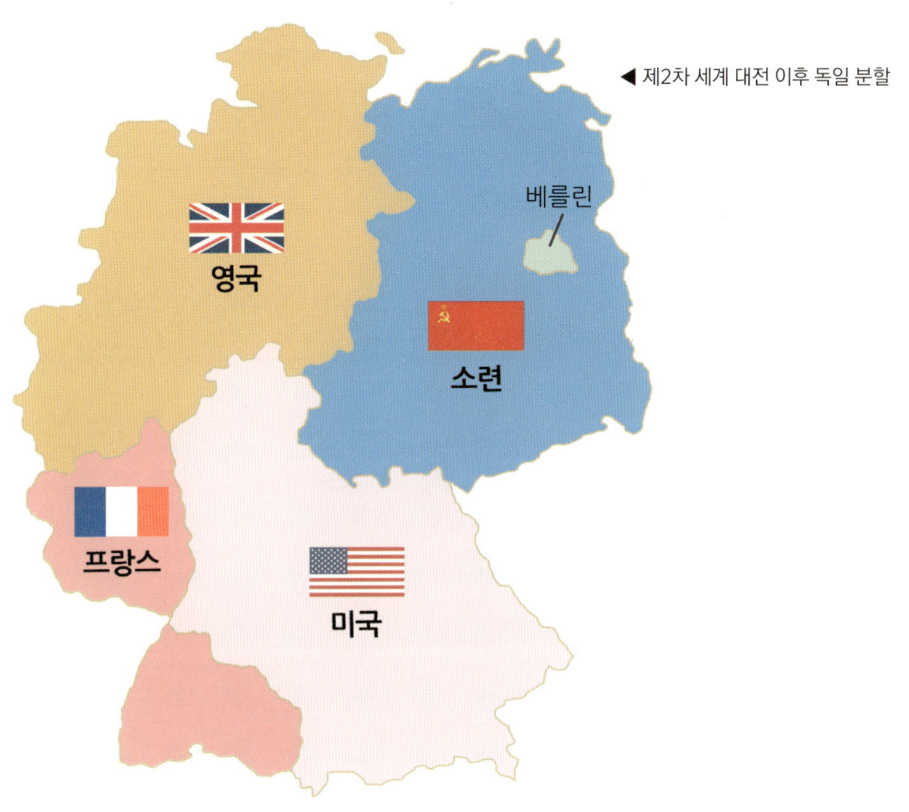

◀ 제2차 세계 대전 이후 독일 분할

독자적으로 세우기로 의견을 모았어.

"뭐라고? 우릴 압박하기 위해 독일에 정부를 세운다고? 어림없는 소리! 베를린을 봉쇄해 버리자."

이 소식을 들은 소련은 그들의 점령 구역이던 동베를린을 기준으로 서베를린과 서부 독일을 연결하는 도로와 철도 등의 길을 막아 버렸지. 그러자 미국·영국·프랑스가 점령하고 있던 서베를린이 소

▲ 베를린 봉쇄와 관련된 사진이야. 수송기가 착륙하려는 것을 베를린 시민들이 지켜보고 있어.

련의 점령지에 둘러싸여 고립되어 버렸어. 땅으로 가는 길이 막히자 미국·영국·프랑스는 하늘길을 이용해 비행기로 각종 식량과 물자를 실어 나르는 등 대응에 나섰어. 이로 인해 소련의 베를린 봉쇄는 아무런 소득 없이 끝났지. 한편 서부 독일의 정부 수립은 빠르게 진행되었어. 이에 동부 독일을 차지하고 있던 소련도 공산주의 정부를 수립하고, 1949년 결국 독일은 동서로 갈라서게 된 거야.

국제 조직으로 맞서다

소련의 베를린 봉쇄 이후 독일이 둘로 나뉘면서 냉전은 극에 달했어. 1949년 미국을 중심으로 캐나다와 자유주의 진영에 속한 유럽의 10개국은 공산 진영에 맞서는 북대서양 조약 기구(NATO)를 조직했어. 북대서양 조약 기구는 소련의 위협에 대항하기 위해 만들어졌지.

반면 소련도 가만히 있을 수 없었어. 1955년 소련은 공산주의 진영인 동유럽 국가들을 중심으로 바르샤바 조약 기구(WTO)를 결성했어. 바르샤바 조약 기구는 서독군의 재무장을 견제하고, 북대서양 조약 기구에 대한 대항, 그리고 사회주의 국가의 동맹 강화를 목적으로 설립된 거야.

▲ 냉전 시기에 결성된 국제 조직

■ 북대서양 조약 기구 가입 국가(1949년)
■ 바르샤바 조약 기구 가입 국가(1955년)

북대서양 조약 기구(NATO)	
미국	덴마크
프랑스	벨기에
노르웨이	이탈리아
룩셈부르크	포르투갈
아이슬란드	영국
캐나다	네덜란드

바르샤바 조약 기구(WTO)	
소련	헝가리
폴란드	루마니아
체코슬로바키아	불가리아
동독	알바니아

▲ 북대서양 조약 기구와 바르샤바 조약 기구의 최초 가맹국

▲ 미국과 서유럽 국가들이 만든 북대서양 조약 기구(NATO)

▲ 소련이 동유럽 국가들과 만든 바르샤바 조약 기구(WTO)

6·25 전쟁과 남북으로 나뉜 한반도

두 나라로 갈라진 것은 독일만이 아니었지. 우리나라도 마찬가지였어. 1945년 35년 동안 우리나라를 지배했던 일본은 전쟁의 패배를 인정하고 한반도에서 물러났어. 상황을 지켜보던 소련과 미국은 한반도에 서로가 원하는 이념을 지닌 국가가 수립되기를 바랐어. 소련은 공산주의 국가, 미국은 자본주의 국가가 되길 원한 거지. 일본이 물러가자마자 한반도의 질서를 바로 세운다는 명목 아래 38도선을 경계로 소련은 북쪽, 미국은 남쪽에 주둔했어. 이런 가운데 미국, 영국, 소련은 회의를 열어 한국에 임시 정부를 세울 것과 미국, 영국, 소련, 중국이 최대 5년 동안 신탁 통치를 한다는 결정을 내렸어. 독립된 단일 정부를 세우고 싶어 하는 우리의 바람과 달리 결국 1948년 한반도에는 두 개의 정부가 들어섰어. 38도선 남쪽에는 대한민국 정부가, 38도선 북쪽에는 조선 민주주의 인민 공화국 정부가 수립되었지.

한반도의 비극은 여기서 그치지 않았어. 1950년 6월 25일 북한이 남한을 기습적으로 침략한 거야. 초반에는 남한이 밀리는 상황이 이어졌지. 미국은 이러다가 한반도 전체가 공산주의 국가가 될까 우려했어. 그래서 국제 연합군의 도움을 받아 반격에 나섰지. 전쟁은 1953년 7월 27일, 휴전 협정을 맺을 때까지 3년이 넘게 계속되었어. 이로 인해 한반도는 황폐화되었고, 전쟁에 참여했던 군인들 말고도 100만 명에 가까운 무고한 사람들이 죽고

> 신탁 통치란 국제 연합의 승인을 받아 특정 국가를 대신 다스리는 제도를 말해.

▲ 6·25 전쟁 때 피난하는 사람

다쳤단다. 한반도는 아직까지도 남북으로 분단된 채 평화 통일을 소망하고 있지.

쿠바 혁명과 핵전쟁 위기

제2차 세계 대전이 끝나자 유럽의 지배를 받던 라틴아메리카 국가들이 독립했어. 미국은 이 기회를 틈타 라틴아메리카에도 세력을 확장하고 싶었어. 그러던 중 1950년 중앙아메리카에 있는 과테말라에서 개혁적인 정권이 들어서며 주요 산업의 국유화를 시작했어. 과테말라에서 농산물을 판매하던 미국 회사들은 과테말라에서 쫓겨날 위기에 처했지. 그러자 미국의 중앙 정보국(CIA)이 나서서 과테말라의 개혁 정부를 무너뜨렸어.

"자칫하다간 아메리카 대륙에 공산주의 정권이 들어설 수 있겠어."

과테말라의 일로 미국은 긴장했어. 그리고 아메리카 대륙에서 자신들의 주도권이 소련에 넘어갈 수 있다는 생각이 들었지.

곧이어 사건이 터졌어. 중앙아메리카에 있는 쿠바에서 혁명이 일어났거든. 쿠바는 미국 가까이에 있어 미국의 영향력이 특히 컸던 곳으로, 미국의 부자들은 쿠바의 땅을 사들여 많은 이익을 챙겼어. 반면 쿠바 사람들은 교육도 받지 못하고 하루하루 어려운 삶을 살고 있었지. 1959년, 혁명가 피델 카스트로와 체 게바라는 미국의 지원을 받은 부패한 정권을 몰아내는 데 성공했어. 그리고 미국인들이 가지고 있던 땅과 재산을 몰수했지.

▲ 카스트로

이후 쿠바는 사회주의 국가임을 선언하며 공산주의 체제로 개혁해 나갔어.

쿠바의 혁명으로 미국은 더욱 긴장했어. 다른 나라들도 쿠바의 영향을 받아 공산주의 국가가 될 가능성이 크다고 생각했지. 더구나 미국과 관계를 끊은 쿠바는 소련과 협력할 수밖에 없는 상황이었어. 미국의 대통령인 케네디는 결단을 내렸어. 쿠바로 쳐들어가 쿠바 정권을 무너뜨리기로 말이야. 그래서 고도의 훈련을 받은 특수 부대를 보냈어. 하지만 결과는 대실패였어. 게다가 미국이 걸핏하면 쿠바를 없애려 한다고 생각한 쿠바 정부가 소련에서 미사일을 지원받기로 했어.

"앗, 저것은 미사일 기지로 보이는데!"

1962년 미국은 쿠바에서 미사일 기지를 건설하고 있다는 정보를 입수했어. 소련이 쿠바에 미국을 향한 핵미사일 기지를 만들고 있었던 거야. 미국인들은 충격에 빠졌어. 미국은 언론을 통해 이 사실을 세계에 알리고, 소련에 미사일 기지를 당장 철거할 것을 요구했어. 그러면서 쿠바로 향하는 바닷길을 막고 모든 선박들을 철저히 검문했어.

소련도 지지 않았어. 핵미사일을 싣고 쿠바로 향했어. 할 테면 해 보자는 식이었지. 전쟁이 언제 시작될지 모르는 일촉즉발의 상황이었어. 전 세계인들의 관심이 이곳에 쏠리고 있었지. 또다시 전쟁이 일어난다면 미국과 소련은 물론이고 주변국, 나아가 세계의 안전까지 보장받지 못하는 상황이었던 거야.

다행히 소련이 한발 물러났어. 소련은 합의안을 내면서 쿠바에 보낼 핵미사일을 실은 선박을 되돌렸어. 미국은 안도의 한숨을 쉬었고 이 상황을 지켜보던 세계인들은 가슴을 쓸어내렸어.

쿠바 미사일 위기를 넘기면서 미국과 소련은 소통의 필요성을 절감하게 되었어. 자칫하면 엄청난 대가를 치러야 할 수도 있었으니 말이야. 이후 소련과 미국의 정상이 직접 대화할 수 있는 직통 전화인 '핫라인'이 설치되었어. 핵전쟁의 위험에서 벗어나 대화의 장이 열린 것이지. 그러나 아직 두 나라의 냉전이 끝난 건 아니었어.

역사 속 재미 쏙

쿠바인의 친구, 체 게바라

1928년 아르헨티나에서 태어난 체 게바라는 부에노스아이레스 의과 대학을 다니는 청년이었어. 그는 친구와 함께 오토바이를 타며 라틴아메리카를 여행했는데, 가난한 사람들의 모습을 보고 충격에 빠졌지. 그리고 이들을 위해 할 수 있는 일들을 생각했어.

1956년 쿠바 반정부 혁명군에 들어간 체 게바라는 부상병을 치료하고 이후에는 전투에도 참가했어. 부패한 정권을 몰아낸 쿠바 혁명 이후, 체 게바라는 쿠바에서 시민권을 얻었어. 그러나 편안한 삶을 버리고 전 세계를 돌며 쿠바 혁명을 알렸지. 체 게바라는 내전으로 시끄러웠던 아프리카 콩고, 라틴아메리카 볼리비아 등으로 떠났어. 그러던 1967년, 볼리비아에서 정부군에 맞서 싸우던 그는 체포되어 죽음을 맞이하고 말아. 체 게바라의 유해는 30년이 지난 1997년에야 발견되었단다. 불평등을 없애고 이상적인 사회를 만들고자 했던 체 게바라는 오늘날까지도 쿠바를 넘어 많은 이들의 기억 속에 간직되고 있어.

▲ 체 게바라

우주 개발 전쟁

▲ 스푸트니크 1호

라이카의 우주복 ▶

미국과 소련의 갈등은 지구를 넘어 우주로 확대되었어. 경제력과 군사력이 미국보다 뒤처진 소련은 우주 개발에 열을 올렸어. 1957년 소련은 세계 최초로 인공위성 스푸트니크 1호를 쏘아 올렸지. 이후 스푸트니크 2호에는 라이카라고 하는 개 한 마리를 태워 보냈어. 우주 공간에 생물이 살 수 있는지 확인하기 위한 실험이었지.

"이런, 소련이 먼저 인공위성을 쏘아 올리다니!"

소련의 인공위성 발사 성공 소식을 들은 미국은 충격을 받았어. 미국도 가만히 있을 수 없었지. 미국은 자신들이 소련보다 더 우수한 우주 개발 강국임을 보여 주고 싶었어. 1958년 미국은 미국 항공 우주국(NASA)을 만들어 전국에서 우수한 과학자들을 뽑아 훈련시켰어. 그리고 얼마 뒤 미국도 인공위성 익스플로러 1호를 쏘아 올리는 데 성공해. 두 나라의 관심은 '우주 공간에서 사람이 지낼 수 있는가'에 쏠렸어. 제일 먼저 우주에 다녀온 사람은 소련의 우주 비행사 유리 가가린이었어.

소련이 우주로 사람을 보냈다는 소식을 듣자, 미국은

▲ 가가린

달에 사람을 보내겠다고 선언하고 연구에 박차를 가했어. 마침내 1969년 아폴로 11호를 발사했고, 아폴로 11호의 선장인 닐 암스트롱을 포함한 우주 비행사 세 명은 5일 뒤 달에 도착했어. 이 장면을 전 세계인이 텔레비전을 통해 보았지.

"이것은 한 인간에게는 작은 한 걸음이지만 인류에게는 위대한 도약이다."

인류 최초로 달에 간 암스트롱은 달에 발자국을 남긴 순간을 이렇게 이야기했어. 우주 개발의 위대한 시작이었지. 이후로도 소련과 미국은 경쟁하듯 우주 개발에 열을 올렸단다.

▲ 암스트롱

▼ 암스트롱의 달 착륙

중국을 후퇴시킨 대약진 운동

마오쩌둥과 중국 공산당 지도부는 1949년 중화 인민 공화국을 세우고 수도를 베이징으로 옮겼어. 중국 공산당은 오랜 전쟁으로 어려워진 경제와 어수선한 국가를 다시 일으키고자 했지. 중국은 이전까지만 해도 소련의 사회주의 체제를 모델로 경제 개발에 힘썼어. 소련의 스탈린 정권과도 교류하며 사회와 경제 발전을 이룩하려 했지. 하지만 스탈린이 세상을 떠나고 뒤이어 집권한 니키타 흐루쇼프는 기존 소련의 모습에서 벗어나려고 했어. 흐루쇼프는 쿠바 미사일 위기 때 쿠바에 미사일 기지를 지으려다 한발 물러난 인물이야. 미국에선 그를 환영했지만 사회주의 국가들은 그를 비난했지. 중국 역시 흐루쇼프가 마음에 들지 않았어. 자유 민주주의 국가에 굴복했다고 생각한 거야. 소련과 중국의 관계는 점차 악화되었어.

▲ 마오쩌둥

"소련식 사회주의 말고 중국식 사회주의를 이루자."

1958년 중국의 마오쩌둥은 소련과는 다른 중국만의 방식으로 사회주의를 만들려 했어. 다른 나라의 도움 없이 스스로 경제 성장을 이뤄 이상적인 사회주의 국가를 건설하고 싶었지. 그리고 실시한 것이 바로 '대약진 운동'이야. 대약진 운동은 1958년부터 1960년 사이에 일어난 경제 성장 운동이란다.

"우리는 넓은 땅과 많은 인구가 있으니 유럽이나 미국보다 훨씬 빠르게 경제 성장을 이룰 수 있을 거야."

마오쩌둥은 대약진 운동으로 7년 안에 영국을, 10년 안에 미국을 따라잡겠다는 구호를 내걸었어.

중국이 실시한 계획은 농업과 철강 산업의 발전이었어. 농업 생산량을 늘리기 위해 공동으로 관리하는 집단 농장을 만들고 곡식의 생산량을 두 배 이상으로 늘리려고 했지. 하지만 메뚜기 떼가 논밭을 습격하고, 홍수와 산사태가 빈번하게 일어나며 어마어마한 흉년이 들었어. 또한 농촌의 인력을 강제로 도시로 데려가 도시에는 사람이 넘쳐 필수품 공급이 부족한 반면, 농촌은 일할 사람이 부족해 농업 생산량도 급격히 줄어들었지. 이렇게 되니 먹을 것이 부족해 수천 명이 굶어 죽는 결과를 낳고 말았어.

철강 산업 역시 실패하기는 마찬가지였어. 중국은 유럽이나 미국처럼 제철소를 건설할 기술과 돈이 없었어. 그래서 집집마다 작은 용광로를 만들어 철을 생산하라고 지시했어. 만약 생산량을 채우지 못하면 불이익을 피할 수 없었지. 강철을 만들려면 적절한 비율로 철과 탄소를 주입해야 하는데, 전문적 기술이 없는 농민에게 강철을 만들라는 것은 말도 안 되는 일이었어. 게다가 소련과의 관계

▲ 대약진 운동 당시의 철강 생산지

도 좋지 않아 경제 원조를 받을 수도 없는 상황이라 상황은 더욱 나빠졌지.

▲ 대약진 운동 당시 각 지역에 파견되던 관리자들

생태계 파괴를 몰고 온 대약진 운동

마오쩌둥은 참새가 해로운 새라고 생각했어. 참새가 수확한 곡식의 낟알을 먹기 때문에 노동의 결실을 도둑질하는 나쁜 새라고 보았던 거야. 그래서 마오쩌둥은 참새를 잡아 없애라는 명령을 내렸어. 중국인들은 참새를 잡기 위해 혈안이 되었어. 새가 들판에 내려오지 못하도록 했고 참새 알과 둥지를 없앴지. 참새를 많이 없앤 이들에겐 표창을 내리기도 했어. 하지만 뒤늦게 참새가 곡식뿐 아니라 해충도 잡아먹는다는 사실을 깨달았어. 참새는 생태계 유지를 위해 없어서는 안 될 새였던 거야. 이미 사라진 참새로 천적이 없어진 메뚜기 떼가 중국의 온 들판을 뒤덮었어. 메뚜기 떼를 없애기 위해 독극물을 쏟아붓자 생태계는 더욱 파괴되었지. 결국 중국은 수천 명이 굶어 죽는 대기근을 겪게 되었단다.

마오쩌둥의 문화 대혁명

대약진 운동의 실패는 마오쩌둥에게도 시련이었어. 마오쩌둥은 대약진 운동의 실패에 책임을 지고 물러났단다. 하지만 조용한 나날을 보내고 있다 보니 다시 권력을 잡고 싶었지. 그는 우선 자신이 사람들에게 신과 같은 숭배의 대상이 되게 하는 우상화 작업을 시작했어. 가장 먼저 한 일은 자신을 비판하는 세력을 없애는 거였어. 자본주의와 봉건주의, 관료주의가 중국 사회 곳곳에 남아 있다며 이것들을 제거해야 한다고 주장했지. 그 주장에는 자신과 사이가 좋지 않았던 반대파인 류사오치와 덩샤오핑의 세력을 약화시켜야겠다는 속내가 있었어. 그들은 중국도 자본주의 경제를 받아들여야 한다고 주장했거든. 물론 마오쩌둥의 주장을 반대하는 세력들도 있었지만 중국인 대부분은 환영했어.

마오쩌둥은 젊은 학생들을 동원해 홍위병을 만들었어. 그들은 낡은 관습에 얽매인 것은 모두 사라져야 한다고 주장했지.

"낡은 관습을 깨자! 마오쩌둥의 말씀을 받아들여 새로운 중국을 만들자!"

"마오쩌둥에 반대하는 자들을 처단하자!"

홍위병들은 한 손에 마오쩌둥의 어록이 담긴 책자를 들고 다니며 마오쩌둥에 반대하는 자들을 처단했어. 이들은 마오쩌둥을 신의 예언자라고 생각하며 마오쩌둥의 손과 발이 되었어. 공격 대상은 주로 예술인과 지식인들이었지.

> 홍위병은 중국 문화 혁명의 한 주축이 된 학생 조직이야.

▲ 홍위병

지식인과 예술가들이 하루아침에 혁명의 적으로 간주되어 홍위병들에게 맞아 죽어야만 했어. 이렇게 죽은 이들만 해도 약 300만 명이 넘었대. 이 시기에는 중등 교육과 대학 교육이 중단되고 연극이나 음악 활동 등 예술 활동도 이루어지지 않았어. 1966년부터 1976년까지 약 10년간 발생한 이 사태를 '문화 대혁명'이라고 해. 문화 대혁명 기간 동안 중국의 우수한 인재들이 사라졌고 중국을 대표하는 공자와 맹자의 사상도 배척당했어. 또한 베이징시에 등록된 문화재의 3분의 2 정도가 파괴되었지. 문화 대혁명 동안 벌어진 이 광기로 중국의 경제 성장은 뒷걸음쳤고 중국은 문화적·사회적 후퇴를 맛보게 되었어.

중국의 경제 성장과 톈안먼 사건

1976년 마오쩌둥이 세상을 떠나자 덩샤오핑이 중국의 지도자로 등장했어. 덩샤오핑은 중국의 개혁과 개방을 추진했어.

덩샤오핑이 추구하는 개혁과 개방은 다른 나라와는 조금 달랐어. 덩샤오핑은 사회주의 체제는 그대로 유지하고 경제 제도만 개혁하려고 했거든. 자본주의 경제 제도를 도입하고 외국과의 교류를 추진했지. 중국 남부에 있는 광둥성과 푸젠성을 경제특구로 지정하며 이곳에서는 외국인도 자유롭게 기업을 운영할 수 있도록 했어. 경제특구 지정으로 경제가 발달하자 중국은 해안을 중심으로 경제 개방 도시를 확대해 나갔어.

> 경제특구란 경제적인 측면에서 다른 지역과는 다른 특별 우대 정책이 적용되는 지역을 말해.

대외 개방 정책으로 경제는 발전했지만 급속한 경제 발전의 부작용으로 관료들의 부정부패가 심각해졌어. 하지만 당시 중국의 공산당은 정치를 개혁할 생각조차 안 하고 있었단다.

"소련이 해체되고 동유럽 국가들이 자유를 얻었어!"

"우리도 함께 자유를 외치자!"

동유럽 국가들의 독립 소식을 들은 사람들이 대학생들을 중심으로 톈안먼 광장에 모였어. 특히 베이징 대학교 학생들이 많았지.

"부패한 공산당 관리들은 물러나라!"

"중국 인민들에게 자유를 달라!"

1989년 수많은 사람들이 톈안먼 광장에서 한목소리로 외쳤어. 중국의 민주화를 원하는 대학생과 시민들이 거리로 쏟아져 나온 거야. 무려 100만 명에 가까운 인원이었지. 공산당의 부정부패와 높아진 물가, 심각한 빈부 격차로 생긴 시민들의 불만이 톈안먼 광장에서

▼ 톈안먼

폭발한 거야. 갈수록 시위가 거세지자 당황한 중국 공산당은 톈안먼 광장으로 군인과 탱크를 보냈어.

"탕! 탕! 탕!"

학생들을 겨누고 있던 총이 발사되었지. 총격은 무차별적이고 끔찍했어. 1,000여 명이 넘는 시민들이 그 자리에서 목숨을 잃었고 수많은 사람들이 다쳤어. 사람들의 시위에 위기를 느낀 중국 공산당은 시위를 주도한 사람들을 수배하고 조금이라도 연관이 있다고 생각되면 다 잡아들였어. 또 중국 공산당을 비판하면 가차 없이 체포했지. 그나마 남아 있던 개혁파 역시 중국 공산당에 의해 밀려났어. 덩샤오핑은 이 사태를 '폭동'이라고 표현했어. 중국 정부는 시위가 확

대되는 것을 막기 위해 뉴스나 신문 등의 언론 보도도 미리 살펴본 뒤, 문제가 된다고 생각되는 내용이라면 보도하지 못하도록 막았어. 중국의 이런 검열 정책은 아직까지 이어지고 있어.

중국은 전 세계에서도 손꼽힐 만큼 경제적으로 부유한 국가가 되었지만 아직까지도 사회주의를 바탕으로 한 독재 정권이 이어지고 있어.

▲ 톈안먼 사건 당시 만들어진 자유의 상

역사 속 상식 쏙

덩샤오핑의 말 말 말

덩샤오핑은 '흑묘백묘론'을 주장했어. 흑묘백묘론은 "검은 고양이든 흰 고양이든 쥐를 잘 잡는 것이 중요하다."라는 말로 중국의 경제를 발전시키기 위해서는 자본주의이든 사회주의이든 상관이 없다는 의미야. 개혁과 개방 정책에 맞게 사회주의 국가를 유지하면서 시장 경제를 부분적으로 받아들이겠다는 뜻이지.

덩샤오핑 ▶

냉전의 절정, 명분 없는 베트남 전쟁

프랑스의 식민지인 프랑스령 인도차이나에 속했던 베트남은 1945년 3월 프랑스가 일본과의 태평양 전쟁에서 패하면서 일본의 식민지가 되었어. 프랑스의 지배에서는 벗어났지만 또다시 일본의 지배를 받게 된 베트남은 일본을 몰아내기 위해 독립 운동에 열을 올렸지. 같은 해 8월, 일본은 제2차 세계 대전에서 패배한 뒤 베트남을 떠나게 돼. 그 뒤 베트남의 북부 지역은 중국이, 남부 지역은 영국이 전쟁 뒤처리를 핑계로 들어와 점령했어. 하지만 프랑스가 베트남의 통치권을 주장하기 시작했지.

이에 독립 운동을 주도했던 호찌민 등 베트남 독립 운동가들이 베트남 독립 동맹이라는 뜻의 '베트민'을 결성하고 북부 베트남을 장악해 베트남 민주 공화국을 세웠지. 정부 주석으로 취임한 호찌민은 베트남 민주 공화국의 독립을 선포했어. 그리고 전쟁으로 어수선한 나라를 정돈하고 경제 성장과 더불어 폐허가 된 곳을 다시 일으켜 세우고자 했단다. 그런데 프랑스가 베트남에 대한 지배권을 포기하려고 하지 않았지. 결국 프랑스와의 전쟁은 피할 수 없게 된 거야. 이렇게 '인도차이나 전쟁'이 시작되었어. 1946년에 시작된 전쟁은 1954년까지 계속되었어. 결국 프랑스와 호찌민 정부는 베트남을 임시로 북부와 남부로 나눠 통치하되, 2년 안에 베트남 통일 정부를 세우기로 약속했지.

그런데 프랑스가 약속한 2년을 채우지 못하고 베트남에서 철수하게 돼. 그리고 상황을 지켜보고 있던 미국이 남베트남에 들어오지. 미국은 친(親)미 성향의 남베트남 지도자 응오딘지엠을 지원했어. 이에 북베트남은 '남베트남 민족 해방 전선'을 만들어 남베트남을 장악하려고 했지. 부패한 남베트남 지도부는 더욱 미국에 의존했어. 그러던 중 1964년 통킹만에서 북베트남의 군함이 미군의 군함을 두 번이나 공격하는 사건이 발생했어.

"감히 가만히 있는 미군의 군함을 공격하다니!"

미군은 펄쩍 뛰었어. 그리고 기다렸다는 듯이 북베트남을 공격했단다. 베트남 전쟁의 시작이었지. 하지만 나중에 밝혀진 사실에 따르면 통킹만 사건은 조작된 것이었어. 북베트남군이 가만있는 미군

◀ 베트남 전쟁
북베트남
남베트남
➡ 북베트남군의 진로
✗ 큰 전투가 벌어진 곳

을 공격한 게 아니라 미군이 남베트남군을 돕다 일어난 일이었거든. 게다가 미국은 북베트남군이 두 번 공격했다고 했지만 사실 두 번째 공격 자체는 아예 없었어. 미군이 베트남 전쟁에 개입하려 일부러 사건을 조작했다는 것이 밝혀졌지.

1965년 베트남 전쟁이 시작되었어. 미국은 54만 명에 이르는 병력을 베트남에 보냈어. 그리고 우방 국가에 병력을 지원해 줄 것을 요청했지. 우리나라도 4만 명이 넘는 병력을 베트남으로 보냈어. 소련과 중국도 가만있을 수 없었지. 소련과 중국은 북베트남을 지원하며 남베트남과 미군을 공격했어. 우수한 무기를 가지고 있던 미국은 베트남 정도는 금세 장악할 수 있을 거라 생각했어. 하지만 베트콩들의 전략을 따라잡을 수가 없었어. 그들은 지형지물을 자유롭게 이용하며 밀림에 숨어 있다 기습적으로 미군을 공격했고, 땅굴을 파 은신처를 만들기도 했거든.

"밀림 때문에 도저히 베트콩들을 찾을 수 없어. 아예 밀림을 모두 없애 버리는 게 낫겠어."

미군은 베트남의 울창한 밀림이 전쟁을 하는 데에 방해가 된다고 생각했어. 그래서 밀림을 모두 없애 버리려고 고엽제를 밀림에 뿌리기 시작했어. 고엽제는 산림을 말라 죽게 하는 제초제야. 독성이 아주 강해 동식물 모두의 생명을 앗아 갈 정도로 위험하지. 미군은 이 작전을 '오렌지 작전'이라고 부르며 전쟁의 승리를 예상했어.

하지만 예상은 빗나갔어. 미국이 베트남 전쟁을 위해 엄청난 돈을

> 베트콩은 '남베트남 민족 해방 전선'을 부르는 말로 '베트남 공산주의자'라는 뜻이야.

> 이때 뿌려진 고엽제로 베트남 전쟁에 참여한 군인은 물론 민간인까지 약 200만 명이 두통, 현기증, 기형아 출산 같은 심각한 후유증을 앓았단다.

쏟아부었지만 북베트남을 이길 수는 없었지. 그 와중에 미국 본토에서도 전쟁을 반대하는 목소리가 연일 이어졌고, 전쟁 중 미군이 학살한 민간인 이야기가 퍼지면서 전 세계의 비난을 피할 수 없게 되었어. 결국 1973년 미국이 베트남에서 철수하고, 1975년 수도 사이공이 함락되면서 남베트남 정부가 무너졌어. 이로써 베트남 전쟁은 미국의 패전으로 끝났고, 베트남에는 통일 공산 정권이 세워졌어.

역사 속 상식 쏙

통킹만 사건의 진실

1971년 〈뉴욕 타임스〉에 실린 기사가 미국 전역을 뒤흔들었어. 1964년 미국 군함인 매독스가 통킹만에서 북베트남군에 공격당해 침몰했다는 것은 조작되었다는 내용이었어. 사실 매독스는 군함이 아니라 암호명이었지. 매독스가 침몰했다고 했지만 사실 매독스는 존재하지 않았던 거야. 이 충격적인 내용이 담긴 문서를 미국의 국방부인 펜타곤에서 작성했기에 펜타곤 보고서라고 불러.

상황을 파악한 미국 정부가 국가 안보에 영향을 미친다며 보도 금지 처분을 내렸지만 국민의 알 권리와 진실을 위해 신문사는 이 사실을 공개했어. 뉴스를 접한 사람들은 놀라움을 넘어 분노했지. 그리고 세계적으로 베트남 전쟁 반대 운동이 더욱 열기를 띠게 돼.

▲ 펜타곤 보고서

세계에 퍼진 반전 운동

베트남 전쟁이 일어나고 있는 동안 미국에서는 반전 운동이 거세게 일었어. 사람들은 베트남 전쟁이 애초에 미국 헌법 정신은 물론 국제법과 국제 조약에도 맞지 않았다고 지적했지. 또한 미국의 전통에 어긋난다며 학자와 지식인들을 중심으로 베트남 전쟁을 조사·분석하는 위원회가 조직되기도 했단다. 텔레비전과 라디오, 신문에서는 베트남 전쟁에 대한 토론이 이어졌고, 미국 각지에서 대규모 반전 시위가 벌어지기도 했어. 반전 운동은 미국뿐만 아니라 세계 각국에서 이루어졌단다.

▲ 세계 각국에서 전쟁에 반대하는 평화적인 시민운동이 일어났어.

노래로 평화를 꿈꾸다

가수이자 사회 운동가인 존 레논은 영국의 유명 그룹 비틀즈의 멤버이기도 했어. 그는 반전 운동, 인종 차별 반대 운동 등 세계 평화를 위한 활동을 하며 직접 노래를 만들고 불렀는데, 베트남 전쟁이 한창이던 1971년 〈이매진〉을 발표하며 의미 없는 전쟁이 멈추길 바랐어. 〈이매진〉은 평화를 상징하는 노래로 아직까지 많은 사람들의 사랑을 받고 있어.

천국이 없다고 상상해 보세요.
당신이 노력하면 그건 쉬운 일이에요.
우리 아래로는 지옥 같은 건 없고
위에는 오직 천국만 있겠죠.
모든 사람들이 오늘을 위해 산다고 상상해 보세요.

나라가 없다고 상상해 보세요.
그것도 어렵지 않죠.
죽이거나 죽는 것 없이.
종교 또한 없겠죠.
모든 사람들이 평화롭게 산다고 상상해 보세요.

당신은 아마도 내가 꿈꾸는 사람이라고 하겠지만
나만 그런 게 아니에요.
당신도 언젠가 우리와 함께하길 원해요.
그러면 세상은 하나가 될 거예요.

_〈이매진〉 중에서

▲ 존 레논 기념 우표

▼ 프라하에 있는 존 레논의 벽

📖 세계사가 한눈에 쏙!

01 세계 대전으로 영향력이 커진 미국과 소련은 각각 자본주의와 공산주의를 대표하는 국가로 등장했다. 소련은 공산주의의 확산을 위해서 동유럽 여러 나라에 공산주의 정권이 수립되도록 도왔다. 미국은 트루먼 독트린으로 공산주의의 확산을 막겠다고 선언했다.

02 미국은 유럽의 경제를 살려 공산주의의 확산을 막겠다는 유럽 원조 정책, 마셜 플랜을 발표했다. 또한 북대서양 조약 기구(NATO)를 만들어 서로 필요할 때 군사적인 도움을 주겠다는 내용의 협약을 맺었다. 소련은 이에 대항하여 코민포름을 조직하고, 동유럽 공산 국가들의 군사 동맹인 바르샤바 조약 기구(WTO)를 만들었다. 자유주의와 사회주의의 대립인 '냉전'은 더욱 심해져 갔다.

03 자본주의 진영과 공산주의 진영의 지배 지역에 각각 서독과 동독이 수립되어 독일이 분단되었다. 한반도 역시 38도선 이남 지역에는 미국군이, 이북 지역에는 소련군이 주둔하게 되고, 결국 분단되었다. 이후 1950년에 6·25 전쟁이 일어났다.

04 중국의 마오쩌둥은 대약진 운동 실패 뒤 완전한 중국식 사회주의 국가를 건설한다는 명목으로 문화 대혁명을 전개했다. 그러나 오히려 중국의 전통문화를 말살하고, 정치적으로 반대 의견을 지닌 세력을 마구 공격하여 사회를 혼란에 빠뜨렸다.

05 중국에서 벌어진 국민당과 공산당의 내전, 한반도에서의 6·25 전쟁, 쿠바의 미사일 위기, 베트남 전쟁 등 냉전 시기에 자유주의와 사회주의 간의 대립과 무력 충돌은 계속되었다.

3장
녹아내린 냉전

| 동유럽에 부는 자유의 물결
| 제3 세계의 등장
| 공동체로 경제 성장을 이룬 유럽
| 프랑스 5월 혁명과 세계로 번진 68 혁명
| 미국에 퍼진 민권 운동
| 흔들린 냉전과 평화의 움직임
| 독일 통일로 가는 동방 정책

미국과 소련을 중심으로 둘로 나뉜 이념에 사람들은 점점 지쳐 갔어. 두 나라에 의해 좌지우지되던 냉전 체제에서 벗어나고 싶었지. 소련의 지배 아래 있던 동유럽 국가의 국민들은 스탈린이 세상을 떠나자 자유를 외치며 거리로 나왔어. 헝가리는 새 정부를 만들며 미국과 소련 중 어느 편에도 서지 않겠다고 했지. 그러나 자유의 외침은 소련이 보낸 탱크에 무참히 짓밟혔어. 한편 제2차 세계 대전이 끝나고 아시아와 아프리카 등 40여 개국은 독립을 선언했어. 이들은 더 이상 강대국의 싸움에 끼어들지 않겠다고 다짐하며 '평화 10원칙'을 발표해. 크고 작은 전쟁을 치른 유럽에서도 싸움을 멈추고 힘을 합치자는 목소리가 커지면서 함께 성장하기 위한 공동체를 만들어. 유럽의 경제 성장은 사람들의 인식에도 변화를 일으켰어. 프랑스의 젊은이들이 중심이 되어 권위에 도전장을 내민 거야. 이는 전쟁 반대, 차별 반대로 이어졌는데 들불처럼 유럽을 넘어 미국, 캐나다, 일본 등 전 세계로 번져 나갔지. 미국에서는 마틴 루터 킹 목사를 중심으로 인종 차별에 맞선 비폭력·불복종 운동이 전개되었어. 유럽과 미국을 중심으로 한 68 혁명과 민권 운동은 높아진 세계인의 인식을 보여 줌과 동시에 소련과 미국을 중심으로 한 냉전 체제를 흔들기 충분했어.

자, 그럼 세계를 둘로 나누었던 냉전 체제가 어떻게 흔들리고, 세계에 부는 평화의 바람과 새로운 움직임들은 어떠했는지 함께 알아보자.

◀ 마틴 루터 킹 조각

동유럽에 부는 자유의 물결

흐루쇼프는 스탈린을 비판하고 소련의 경제를 살리겠다고 나서 국민들의 지지를 얻었지. 그는 실제로 국민의 생활 수준과 의료 수준을 올렸어. 또 유럽 여러 나라와 좋은 관계를 유지하며 여러 가지 개혁을 시도했지. 강제 수용소 문을 열어 수백만 명을 풀어 주기도 했고, 강제 수용소 이야기를 담은 책의 출판을 허가하기도 했어. 드디어 닫혀 있던 소련의 문이 열리는 듯싶었지.

"스탈린이 죽었어. 소련이 변하는 것 같아."

소련의 영향력 아래에 있던 동유럽 국가들은 생각했어.

"우리에게도 자유를 달라!"

1956년 폴란드에서는 자유를 원하는 사람들이 거리로 뛰쳐나왔어. 거리에 모인 5,000여 명의 노동자들이 큰 시위를 일으키자 곧 소련의 군대가 시위를 진압했지. 이 과정에서 수백 명이 사망하고 많은 사람이 다쳤어.

헝가리의 국민들 역시 거리로 나와 정부를 향해 개혁과 자유를 요구했어. 헝가리 국민들은 정부의 스탈린식 통치를 비판하며 새로운 지도자를 내세웠지. 여기에 사회주의 국가들이 모여 만든 바르샤바 조약 기구에서도 탈퇴하겠다고 선언했단다.

"당장 헝가리로 가자!"

이에 화가 난 소련은 탱크를 앞세워 헝가리로 향했어. 그리고 거리에 있던 사람들을 무력으로 진압했지. 이 과정에서 헝가리 시민

▲ 헝가리군에게 응원을 보내는 부다페스트의 군중

▲ 둡체크

3,000여 명이 목숨을 잃었어.

"이제 우리도 소련의 영향에서 벗어나야 해."

"우린 자유가 필요해."

소련의 압박에도 동유럽 사람들의 자유에 대한 열망은 꺼지지 않았어. 변화의 바람이 분 곳은 사회주의 국가인 체코슬로바키아에서였어. 새로운 공산당의 지도자가 된 알렉산드르 둡체크는 1968년 봄, 사전 검열제 폐지, 민주적인 선거제도, 언론·출판·집회의 자유 보장, 해외여행 및 이주의 자유 보장 등 사회주의 국가에서는 보기 힘든 개혁을 발표하며 변화를 이끌었어. 체코슬로바키아 국민들은 환영했어. 자유를 열망하는 국민들의 바람이 프라하 시내는 물론 전국으로 퍼져 나갔지. 이것을 '프라하의 봄'이라고 해. 하지만 힘들게 찾아온 프라하의 봄은 오래가지 않았어.

"감히 사회주의 체제를 부정해?"

1968년 여름, 소련이 바르샤바 조약 기구에 속한 군대 20만 명을 끌고 불시에 체코슬로바키아에 쳐들어갔어. 그리고 자유를 열망하

▲ 프라하의 봄은 체코슬로바키아에서 일어난 민주 자유화 운동으로 '체코 사태'라고도 불러.

던 체코슬로바키아 국민들을 무력으로 진압하고 둡체크를 체포했지. 이렇게 프라하의 봄은 허망하게 끝나고 말아.

스탈린 이후 동유럽 국가들은 소련의 영향에서 벗어나고 싶어 자유를 요구했지만 번번이 실패로 끝났어. 소련의 총과 칼, 탱크는 민주주의를 바라며 거리에 나온 수많은 사람들을 짓밟았어.

제3 세계의 등장

제2차 세계 대전이 끝나고 식민지였던 40여 개의 나라들이 독립했어. 독립국은 주로 아시아와 아프리카에 있는 나라였지.

"이제 더 이상 강대국에 당하지 않겠어!"

자유주의와 사회주의라는 이념의 대립이 세상을 지배한 냉전 시대에 질린 아시아와 아프리카의 여러 나라는 강대국의 싸움에 더 이상 끼어들고 싶지 않았어. 그리고 두 나라와 동맹을 거부한 '비(非)동맹국'을 결성하며 강대국인 소련과 미국 중 어느 편에도 서지 않고 경제 성장과 사회 발전을 이루려 했지. 이들을 '제3 세계'라고 해.

그러던 중 1954년 인도 델리에서 중국의 총리인 저우언라이와 인도의 총리인 자와할랄 네루가 만났어. 그들은 세계 여러 나라의 지지를 호소하며 '평화 공존 5원칙'을 발표하지.

▲ 네루(왼쪽)와 저우언라이(오른쪽)의 만남

하나, 세계 모든 나라의 주권과 영토를 존중한다.
둘, 서로의 영토를 침략하지 않는다.
셋, 서로 정치에 간섭하지 않는다.
넷, 외교 관계는 서로 평등하고 우호적으로 접근한다.
다섯, 서로 평화롭게 공존한다.

평화 공존 5원칙은 아시아·아프리카 신생 독립국의 미래에 커다란 영향을 끼쳤어.

1955년에는 인도네시아 반둥에서 아시아와 아프리카에서 온 29개국 정상이 모여 회의를 열었어. 아시아·아프리카 회의라고도 불린 이 반둥 회의에서 평화 공존 5원칙을 토대로 한 '평화 10원칙'이 발표되었단다.

▲ 아시아·아프리카 회의

평화 10원칙 발표는 아시아와 아프리카의 나라들이 하나로 뭉치고 자신감을 갖는 계기가 되었어. 이들은 반(反)식민주의, 반(反)제국주의, 민족 자결주의 등을 외치며 미국과 소련으로 나뉜 냉전 질서에서 벗어나려 했어. 제3 세계 국가들의 공통 목표는 '인류의 평화'였어. 다시는 이전과 같은 식민지 시대나 전쟁의 시대를 맞이하고 싶지 않았던 거야. 평화 10원칙은 아시아와 아프리카의 여러 나라가 어느 진영에도 종속되지 않는다는 주체성을 확인한 국제적 선언이라는 점에서 대단히 의미 있는 일이었어.

1961년에는 유고슬라비아의 베오그라드에서 비동맹 회의가 열렸고 이후 정기적으로 회의가 거듭되어 참가국 수가 늘어났어. 제3 세계의 등장은 국제 사회에 큰 변화를 일으켰지. 이들이 국제 연합에서 차지하는 비중이 점차 늘어나면서 강대국들도 이들의 주장을 무시할 수 없게 되었단다.

제3 세계 국가들의 한계

냉전 시대에 제3 세계는 국제 질서에 어느 정도 영향을 미치긴 했지만 소련과 미국의 영향권에서 완전히 벗어나긴 어려웠어. 몇몇의 공산주의 국가는 여전히 소련에 군사적·경제적 도움을 받았고 자본주의 국가들 역시 미국의 영향권에 놓여 있었지. 평화 협정에도 불구하고 제3 세계는 평화롭지 못했어. 티베트가 1950년 중국에 침략당한 사건이 있었거든. 그리고 티베트와 인도의 국경 문제로 1962년에는 분쟁까지 일어났지.

에티오피아, 케냐, 방글라데시, 시리아 같은 제3 세계 국가 중에서는 아직도 많은 나라가 배고픔에 허덕이고 있어. 이것은 제2차 세계 대전 이후 많은 나라가 독립을 이루었지만 독재자가 나타나는 등의 사건이 이어지면서 정치적·경제적 독립을 온전히 이루지 못했기 때문이야.

▲ 티베트로 진군하는 중국 인민군

▲ 제3 세계의 기아 문제

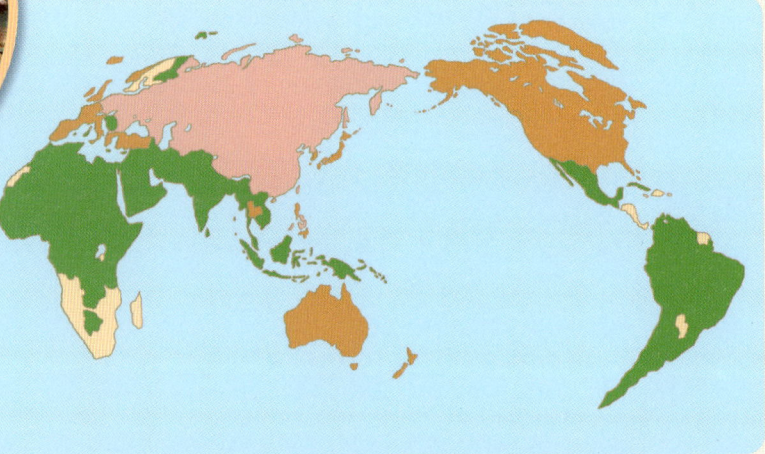
▲ 자본주의 진영을 제1 세계, 소련 주도의 공산주의 진영을 제2 세계, 그리고 어디에도 속하지 않겠다는 비동맹 운동 진영을 제3 세계라고 해.

공동체로 경제 성장을 이룬 유럽

"이제 싸움을 멈추고 힘을 합칩시다."

미국과 소련 중심의 냉전 시대가 계속되고 있을 때, 유럽에서는 유럽의 나라끼리 뭉치자는 목소리가 흘러나왔어. 크고 작은 전쟁을 치르면서 많은 인명과 재산 피해를 본 유럽은 과거에 일으킨 전쟁을 반성하고, 유럽이 힘을 합쳐 미래를 준비해야 한다고 생각했지.

"우리는 그동안 왜 그토록 싸움을 벌였을까?"

유럽인들은 생각했어. 그리고 곧 결론을 냈지. 그것은 바로 서로 다른 문화와 민족의 국가들이 너무 가까이 붙어 있는 데다가 각 나라마다 얻을 수 있는 자원이 부족했기 때문이라고 말이야. 과거 유럽인들은 서로 자원을 차지하기 위해 끊임없이 싸웠거든.

이들이 눈여겨본 것은 날이 갈수록 경제가 성장하는 미국이었어. 마셜 플랜으로 유럽의 국가들이 경제적인 도움을 받았지만 그 때문에 미국의 영향력에서 자유로울 수 없었지. 대표적으로 서독의 경제 성장은 유럽인들에겐 걱정거리였어.

"독일이 또다시 힘을 키워 전쟁을 일으키면 어쩌지?"

"끔찍한 전쟁에 더 이상 휘둘리고 싶지 않아."

유럽인들은 유럽이 하나가 되면 앞으로 서로 싸울 일이 없을 거라고 생각했어. 즉, 유럽인들은 유럽 공동체를 만들어 유럽이 하나가 되길 바랐지. 그렇게 1951년 처음 만들어진 단체가 바로 유럽 석탄 철강 공동체(ECSC)야. 처음엔 프랑스와 서독, 벨기에, 네덜란드, 룩셈

부르크, 이탈리아가 가입했지.

"아예 국경도 없애자!"

유럽인들은 더 강력하고 하나 된 유럽을 꿈꿨어. 공동체를 만들긴 했지만 국경을 자유롭게 오갈 수 없는 등 여전히 한계가 많다고 여긴 것이지. 게다가 과학 기술의 발달로 철강과 석탄을 넘어선 새로운 산업이 나타났어. 유럽인들은 모든 상품과 서비스, 그리고 사람들까지 국경을 자유롭게 넘어 다니는 모습을 꿈꿨어. 그것이 유럽의 경제 발전에도 도움이 된다고 생각했지. 이후 1958년 유럽 경제 공동체(EEC)와 유럽 원자력 공동체(EURATOM)가 만들어졌어. 유럽 원자력 공동체는 원자력 에너지를 안전하고 평화적으로 이용하기 위해 만들어졌지.

프랑스와 서독이 중심이 된 유럽은 경제 발전에 속도를 냈어. 1959년 프랑스의 대통령이 된 샤를 드골은 경제적으로 어려움을 겪고 있는 프랑스를 다시 일으켜 세우고자 노력했지. 그런 노력 중 하

▼ 1993년 창립한 유럽 연합의 상징기야. 열두 달로 나뉜 1년, 열두 시간으로 나뉜 시계처럼 깃발에 새겨진 열두 개의 별은 '완벽함'을 의미한다고 해.

유럽 통합 과정

유럽 석탄 철강 공동체 (ECSC, 1951)

↓

유럽 경제 공동체 (EEC, 1958)

↓

유럽 공동체(EC, 1967)

↓

유럽 연합(EU, 1993)

↓

유로화 통용 시작(EU, 1999)

나가 바로 유럽이 하나가 되도록 만드는 거였어. 프랑스는 제2차 세계 대전으로 사이가 좋지 않았던 독일과 손을 잡고 유럽 공동체의 중심에 섰지. 드골 대통령은 유럽 국가들이 경제뿐 아니라 정치와 군사적인 부분도 하나가 되어야 한다고 주장했어. 이후 유럽 석탄 철강 공동체와 유럽 경제 공동체, 유럽 원자력 공동체가 하나로 합쳐져 유럽 공동체(EC)가 만들어졌지. 1993년 유럽 공동체는 유럽 연합(EU)으로 개칭되었고 유럽의 주요 12개국이 가입하며 진정한 공동체를 이루었어. 공동체를 만들고나서부터 유럽은 빠른 속도로 경제 성장을 이루었고, 이전까지 유럽 공동체에 관심이 없던 유럽의 다른 국가들도 속속 가입하면서 유럽 연합은 더욱 규모가 커졌지. 유럽 연합에 속한 국가들은 1999년부터 유럽의 법정 화폐인 '유로화'를 사용하기 시작했단다.

▲ 드골

드골은 프랑스 경제에 큰 힘이 되었지만 1968년 5월에 학생과 근로자들이 기존 사회 질서에 강력하게 항거했던, 일명 '68 혁명'을 해산시켰어.

프랑스 5월 혁명과 세계로 번진 68 혁명

1968년은 세계적으로 시위가 끊이지 않은 해였어. 시위는 한곳에서만 이루어지지 않았어. 유럽을 넘어 미국, 일본 등으로 이어졌고, 이러한 시위들은 세상을 바꾸는 계기가 되었단다.

1968년 3월, 프랑스 파리의 어느 대학생이 학교의 정책에 반대하며 시위를 시작했어. 학교의 운영 과정에 학생들이 참여할 수 있도록 해 달라고 요구했지만 학교는 받아들이지 않았어. 곧 경찰이 와

서 시위를 막아섰고 이 과정에서 많은 사람이 다쳤지.

이 시기 유럽 사회는 단기간에 빠른 경제 성장을 이루었어. 그러면서 유럽인들의 교육과 의식 수준이 높아졌지. 하지만 사회 구조는 의식 수준에 맞게 잘 갖춰지지 않았어.

학생들의 시위를 지켜보고 있던 시민들은 이들의 행동에 신선한 충격을 받았어. 사회적으로 문제가 있으면 바꾸고 고칠 수 있겠다는 생각이 든 거야. 시민들은 신념을 가지고 권위적인 국가의 정책에 반대하는 학생들의 모습에 지지를 보냈어.

▲ 1968년 5월 '학생 노동 연대'라고 적힌 플래카드를 들고 행진하는 프랑스의 학생들

대학에서 시작된 시위는 사회로 번져 나갔어. 경제 성장에도 불구하고 적은 임금을 받으면서 오랜 노동을 감당해야 했던 사회 구조에 노동자들이 불만을 표시하며 시위에 가담했지. 무려 천만 명에 가까운 노동자들이 파업을 선언하고 거리로 뛰쳐나왔어. 1968년 5월에 일어난 이 시위를 '5월 혁명'이라고 해. 당시 프랑스 샤를 드골 정부의 정책에 반대하는 청년 노동자, 학생들이 주도해 총파업과 투쟁을 벌였지. 이들은 기존의 가치와 질서를 거부하며 모든 권위에 반대했어. 시위가 격렬해지자 프랑스 정부도 두 손을 들 수밖에 없었어. 그리고 그루넬 협약이 맺어졌지.

그루넬 협약에는 임금 인상과 기업의 노조 활동 인정, 노동 시간 단축 등의 내용이 들어 있었어.

프랑스의 5월 혁명은 유럽을 넘어 미국과 일본 등 여러 나라에 영향을 주었어. 미국과 일본 등은 이미 자본주의 국가 체제를 유지하면서 눈부신 경제 성장을 이루고 있었어. 하지만 젊은이들은 자본주의 안에 감춰진 빈부 격차 등의 문제를 겪으면서 불만이 쌓이고 있었지. 이 당시 젊은이들은 무정부주의를 지지하며 쿠바의 영웅인 체 게바라와 베트남의 호찌민 같은 사회주의 인물들을 존경하기도 했어.

> 무정부주의란 모든 제도화된 정치 조직, 권력, 사회적 권위를 부정하고 개인의 자유를 최고의 가치로 내세우는 사상으로 아나키즘이라고도 불려.

이 시기 많은 국가가 권위를 내세워 국민의 기본권인 자유를 억압하고 있었어. 언론이 통제되거나 탄압되고 기업들은 적은 임금으로 노동자를 착취했지. 미국에서는 흑인과 여성, 성 소수자들이 억압받고 차별을 받았어. 베트남 전쟁과 같이 명분 없이 치러진 전쟁으로 '반전 운동'의 열기도 더해졌어. 더불어 심각한 환경 파괴를 일으키는 핵무기 사용과 원자력 발전소의 건설을 반대하는 목소리도 커져 갔어.

"사회적 약자의 인권을 존중하라!"

"노동 시간을 줄여라!"

"베트남 전쟁을 멈춰라!"

"원자력 발전소 건설을 멈춰라!"

젊은이들의 요구는 셀 수 없이 많았어. 요구는 다양했으나 이들은 한목소리로 구호를 외쳤지.

"금지하는 모든 것을 금지하라!"

1960년대에 일어난 이러한 급진적인 사회 정치 운동을 신좌파 운동, 또는 뉴레프트 운동이라고 해. 이 운동은 짧은 시간에 세계 여러 나라에 번졌어. 젊은이들의 이러한 외침은 프랑스와 캐나다 정부를 바꿨고 다른 여러 나라에 사회를 바꾸고자 하는 움직임을 일으켰지. 1968년 5월 프랑스 파리의 5월 혁명에서 시작해 전 세계가 변화된 이 일을 '68 혁명'이라고 해. 68 혁명은 기존의 억압적이고 권위적인 질서에서 벗어나고자 하는 새로운 세대가 만든 혁명이야. 비록 정치권을 완전히 바꾸지는 못했지만 변화의 바람을 불게 한 자극제가 되었어.

미국에 퍼진 민권 운동

1960년, 빠르게 경제적 발전을 이룬 미국에서도 변화의 바람이 불고 있었어. 존 F. 케네디가 대통령이 된 미국은 경제 활동의 자유를 보장하는 자유 방임주의를 내세우고 국민들의 자유와 인권에도 관심을 기울였어. 나의 자유가 소중하다면 상대방의 자유도 소중하다고 깨달은 것이지. 그리고 좌우로 나뉘어 헐뜯고 싸우던 시대를 벗어나 서로의 생각을 인정해야 진정한 자유를 맞이할 수 있다고 여겼어. 그러면서 권위적인 국가 정책을 무조건적으로 따르는 것보다는 비판적으로 생각해야 사회를 발전시킬 수 있다고 생각했지. 이런 생각

▲ 케네디

은 민권 운동의 바탕이 되었어. 권위적이고 독선적인 정치에 반대하고 사람은 누구나 평등하다는 생각에서 정치 운동을 벌인 거야. 여성 차별, 성 소수자 차별, 인종 차별 등 사회 깊숙히 남아 있는 갖가지 차별을 없애는 것이 민권 운동의 핵심이었어.

이 시기에는 흑인과 백인 누구나 똑같은 대우를 받아야 한다는 민권 운동이 흑인 중심으로 번졌어. 뿌리 깊게 남아 있던 인종 차별을 없애자는 것이었지. 민권 운동의 대표적인 지도자로 마틴 루터 킹이 있어. 마틴 루터 킹은 단지 피부색이 다르다는 이유로 어렸을 때부터 인종 차별과 경제적 불평등을 겪었어. 그런 그는 부당한 사회의 현실을 바꾸고 싶었지. 이후 신학을 공부한 뒤 목사가 된 마틴 루터 킹은 마하트마 간디의 무저항 비폭력 운동에 깊은 감명을 받아 비폭력 운동을 펼쳐 나갔어. 이런 그의 활동은 흑인은 물론 많은 백인들의 지지를 얻었어. 마틴 루터 킹은 당시 투표권이 없던 흑인들이 투표권에 참여할 수 있도록 평화 행진을 하는 등 차별 없는 세상을 위해 많은 노력을 기울였어. 그리고 이러한 노력의 결실로 마침내 1965년, 흑인들도 투표를 할 수 있게 되었어.

마틴 루터 킹은 미국의 인종 차별을 없애는 데에 큰 역할을 한 공로를 인정받아 1964년 노벨 평화상을 받기도 했어. 그러나 그의 행동을 못마땅해하는 사람들에게 잦은 협박과 테러를 당하기도 했지. 결국 1968년 마틴 루터 킹은 한 백인 우월주의자의 총에 맞아 세상을 떠났어.

역사 속 재미 쏙

버스 안 타기 운동

1955년 미국, 로자 파크스는 일을 마치고 버스에 탔어. 1900년부터 이 도시에서는 인종에 따라 버스 좌석을 나눠서 앉아야 하는 조례가 있었는데, 로자 파크스가 이에 따라 흑인 전용 좌석에 앉아 있었지. 그런데 그날따라 유독 버스 안에 사람이 많았어. 버스 안에 백인들이 앉을 자리가 없자 버스 기사는 로자에게 일어나라고 요구했지. 분명히 흑인 전용 좌석이었는데도 말이야. 로자는 버스 기사의 말을 거부했어. 기사는 경찰을 불렀어. 로자는 법을 위반했다며 체포되어 벌금형을 선고 받았지. 이 소식을 들은 마틴 루터 킹은 부당한 차별에 맞서야 한다고 생각했어. 그리고 그는 1년 넘게 '버스 안 타기' 운동을 펼쳤어. 웬만한 거리는 걸어 다니고 흑인들끼리 차를 나눠 타는 등 많은 흑인들이 마틴 루터 킹의 운동에 함께했어. 경찰은 불량배 단속 등의 온갖 핑계를 대며 흑인들을 탄압했어. 그래도 마틴 루터 킹과 흑인들은 굴복하지 않았어. 마침내 1956년 연방 법원은 버스 안에서의 인종 차별이 불법이라고 선고했어.

> 조례란 지방 자치 단체가 그 지역의 사무에 대해 재정한 법을 뜻해.

▲ 경찰관이 로자 파크스의 지문을 찍는 모습

▲ 비 오는 날에도 계속된 버스 안 타기 운동

나에게는 꿈이 있습니다

나에게는 꿈이 있습니다.
조지아주의 붉은 언덕에서 노예의 후손들과
노예 주인의 후손들이 형제처럼 손을 맞잡고 나란히 앉게 되는 꿈입니다.

나에게는 꿈이 있습니다.
이글거리는 불의와 억압이 존재하는 미시시피주가
자유와 정의의 오아시스가 되는 꿈입니다.

나에게는 꿈이 있습니다.
내 아이들이 피부색을 기준으로 사람을 평가하지 않고
인격을 기준으로 사람을 평가하는 나라에서 살게 되는 꿈입니다.

1963년 미국 워싱턴에서 있었던 마틴 루터 킹 목사의 〈나에게는 꿈이 있습니다〉라는 연설의 일부분이야. "나에게는 꿈이 있습니다."라는 말이 수차례 반복되는 이 연설은 20세기의 명연설 중 하나로 꼽혀. 마틴 루터 킹 목사는 연설에서 미움보다 사랑으로, 폭력이 아닌 평화로 흑인들의 인권을 지켜야 한다고 강조했어. 또한 흑인과 백인이 함께 평등하게, 또 평화롭게 살아가야 한다고 호소했고 이런 그의 진심 어린 연설은 전 세계인의 마음을 울렸어.

▼ 마틴 루터 킹의 연설문이 적힌 기념 계단

흔들린 냉전과 평화의 움직임

1960년 후반으로 가면서 소련과 미국을 중심으로 한 냉전 체제가 흔들리기 시작했어. 이는 68 혁명과 민권 운동에서 보여 준, 높아진 사람들의 의식 수준 덕분이었지. 그리고 무엇보다 빠른 경제 성장 역시 변화의 원동력이 되었어. 소련과 미국의 양극 체제를 거부하는 제3 세계가 늘어나고 유럽 역시 자신들만의 공동체를 만들어 소련과 미국을 견제했지. 1960년대 이후 세계는 소련과 미국이라는 양극 체제가 아닌 여러 나라가 목소리를 낼 수 있는 다극 체제로 변화한 거야. 각 나라는 이념이나 자존심을 내세우기보다는 자국의 경제적 이익을 먼저 생각하게 되었어.

냉전의 중심에 섰던 미국은 이런 변화에 발 빠르게 움직였어. 미국은 베트남 전쟁 등에 쏟아부은 막대한 비용으로 경제에 큰 타격을 입은 상태였지. 미국 대통령 리처드 닉슨은 다른 국가의 일에 끼어들어 국력을 낭비하고 싶지 않았어. 우주 개발과 전쟁에 막대한 돈을 투자하느라 이미 지칠 대로 지쳐 있었던 거야.

"우리 미국은 더 이상 소련과의 의미 없는 경쟁을 하지 않겠습니다."

닉슨은 데탕트 정책을 펼쳤어. 데탕트는 프랑스 말로 '긴장 완화, 휴식'을 의미해. 소련과 지속

▲ 닉슨

되던 긴장과 대립을 풀고 화해의 분위기를 조성하는 방향으로 나아가겠다는 것이지.

닉슨은 베트남에 있는 미군을 철수시키고 한국에 있는 미군의 인원도 줄이기로 했지. 그리고 1969년 대아시아 외교 정책인 닉슨 독트린을 발표해. 닉슨 독트린은 미국은 직접적인 군사·정치 개입을 하지 않으면서 간접적인 지원을 하고, 아시아 국가들이 스스로 군사적 방위를 책임지도록 하며, 경제적 지원은 여러 나라와 함께하여 미국의 부담을 줄인다는 내용이지. 닉슨 독트린은 미국의 군사 경비를 아끼고자 하는 목적이 가장 컸어.

역사 속 상식 쏙

닉슨 독트린
- 미국은 앞으로 베트남 전쟁과 같은 직접적인 군사적 개입을 피한다.
- 미국은 아시아 여러 나라와의 조약상 약속을 지키지만, 강대국의 핵 위협을 제외하고는 내란이나 침략에 대해 아시아 각국이 스스로 협력하여 대처하여야 할 것이다.
- 미국은 '태평양 국가'로서 그 지역에서 중요한 역할을 계속하지만, 직접적·군사적·정치적 과잉 개입은 하지 않으며, 아시아 각국의 자주적 행동을 측면 지원한다.
- 아시아 여러 나라에 대한 원조는 경제 중심으로 바꾸며, 여러 나라가 참여하는 방식으로 개선하여 미국의 과중한 부담을 피한다.

한편 1962년에 발생한 '쿠바 미사일 위기' 때 자금 지원 문제로 소련과 중국의 사이가 멀어졌어. 원래 두 나라는 사회주의 국가 체제를 이어 오면서 누구보다 긴밀한 관계를 유지하고 있었지만 한번 틀어진 관계는 좀처럼 풀릴 것 같지 않았지. 그런데 또다시 두 나라가 충돌하고 말아. 1969년 소련과 중국의 국경을 이루는 우수리강에 있는 작은 섬인 전바오섬을 서로 자기 나라 땅이라고 우기면서 무력 충돌이 벌어진 거야. 이 사건을 '중소 국경 분쟁' 또는 '전바오섬 사건'이라고 해. 쉽게 끝날 것 같던 국경 분쟁은 양국이 더 많은 병력을 배치하며 점점 규모가 커졌고, 이 과정에서 수많은 사상자가 나왔어. 군사적인 부분에서 중국은 소련을 따라갈 수 없었지만 두 싸움을 지켜보던 미국이 중국 편을 들었어. 그러자 소련은 미국이 이 분쟁에 낄 경우 이길 수 없다는 생각에 꼬리를 내렸어.

"중국을 이용해 아시아에서 군사비를 줄이고 소련까지 압박하니 일석이조야."

계산기를 두드리던 미국은 내친김에 긴장을 푸는 데탕트 정책을 확장해 나가기로 했어. 중국 역시 미국의 이런 태도를 환영했어. 국제적으로 고립되어 있던 중국은 미국의 눈에 들어 세계로 나가고 싶었던 거야. 1971년 중국은 미국 탁구 선수들을 초청해 탁구 대회를 열었어. 스포츠로 차가웠던 마음을 풀려는 바람이었지. 이것을 '핑퐁 외교'라고 해.

중국과 미국은 탁구로 얼어 있던 외교 관계를 풀고자 했고, 어느

▲ 중국과 미국의 친선 탁구 대회

정도 성과도 거두었어. 이듬해인 1972년에는 닉슨이 직접 중국의 베이징을 방문해 마오쩌둥과 회담을 열기도 했어. 닉슨은 중국을 정통 정부로 인정하면서 타이완 역시 중국의 일부라고 동의해 주었지.

닉슨은 소련과도 만남을 이어 갔어. 당시 소련과 미국은 이미 엄청난 양의 무기를 가지고 있었어. 이전까지 두 나라가 경쟁적으로 무기를 개발했거든. 미국은 소련

▲ 닉슨 대통령의 중국 방문

85

에 회담을 제안하고 핵과 같은 인류에 재앙을 가져오는 무기를 줄이는 방안을 논의했지. 그리고 두 나라는 '전략 무기 제한 협상'을 맺으며 핵무기를 줄이기로 했어. 또다시 제3차 세계 대전이 일어나지 않을까 걱정하던 세계인들은 소련과 미국의 이러한 모습에 안도했어.

역사 속 재미 쏙

미국을 뒤흔든 워터게이트 사건

1972년 대통령 임기가 끝나 갈 때쯤 닉슨 대통령은 재선을 위한 준비가 한창이었어. 그러던 어느 날 워싱턴 워터게이트 빌딩에 있는 민주당 사무실에 괴한이 도청 장치를 설치하려다 발각되는 사건이 발생해. 괴한은 상대 당인 공화당의 닉슨 대통령 재선 위원회와 관련된 사람이었어. 게다가 닉슨이 이 사건의 수사를 방해하려고 했다는 것도 밝혀졌지. 결국 닉슨은 대통령직에서 물러났어. 이 사건을 워터게이트 사건이라고 해.

닉슨은 베트남 전쟁에서 평화 협상을 맺고, 중국과 국교를 수립하고, 소련과의 관계도 평화적으로 맺는 등 많은 정치적 업적을 이루었지만 워터게이트 사건으로 불명예스럽게 퇴진한 대통령으로 기록되었어.

▲ '닉슨 탄핵'이라고 적힌 종이를 든 시민

독일 통일로 가는 동방 정책

1969년은 유럽에서 변화의 바람이 일어난 해야. 냉전의 차가운 바람이 잦아든 데탕트의 시기였지. 그 중심에는 서독이 있었어. 68 혁명 이후 서독 대학생들의 정치 참여가 늘어났거든. 낡은 관습을 깨고 전쟁과 혐오를 멈추자는 젊은이들의 목소리가 끊이지 않았지. 서독의 수상 빌리 브란트는 젊은 세대의 요구를 적극적으로 받아들이며 대대적인 개혁을 시작했지. 브란트는 국민을 위한 민주주의를 지켜 나가겠다고 약속하고 공공시설 개선, 이혼에 대한 법률 완화, 양성 평등을 위한 법 정비 등 다양한 정책을 폈어.

▲ 브란트

브란트가 가장 핵심으로 했던 정책 중 하나는 동유럽 국가들과 관계를 맺는 거였어. 이것을 '동방 정책'이라고 하는데, 동방 정책은 사회주의 국가들과의 화해 정책을 말해. 이전까지 미국과 영국, 서독 등은 사회주의 국가를 정식 국가로 인정하지 않았거든. 1970년 서독은 소련 정부와 조약을 맺고, 소련과의 협상을 기초로 동방 정책을 확장해 갔어. 또한 브란트는 제2차 세계 대전 피해 국가 중 하나인 폴란드에 찾아가 유대인 위령비 앞에서 무릎을 꿇고 사죄하며 과거 독일이 저지른 만행에 용서를 구했어.

이와 더불어 서독은 헝가리, 불가리아 등 동유럽 국가들과 교류

▲ 폴란드 바르샤바 유대인 희생자 위령비 앞에 무릎을 꿇은 서독 총리 브란트

세계 언론들은 "무릎을 꿇은 것은 한 사람이지만, 일어선 것은 독일 전체였다."라고 평했어.

하기 위해 외교 관계를 맺어. 나아가 동독과 교류를 하고 동독과 서독 주민들이 서로 왕래할 수 있도록 노력했지. 동방 정책으로 서독과 동독의 통일은 한층 앞당겨졌어. 또 얼어붙어 있었던 유럽 세계에 따뜻한 기운이 돌게 되었지. 이러한 공로로 브란트는 1971년 노벨 평화상을 받았어.

여성 차별에 맞서다

"여자도 남자와 똑같습니다. 남녀 모두 같은 대접을 받아야 합니다. 현모양처라는 환상에서 벗어나 여자도 자신의 권리를 높여야 합니다."

20세기, 남녀 차별에 반기를 들고 나타난 인물이 있었어. 바로 미국의 여성 운동가 베티 프리단이야. 그녀는 출산과 함께 일을 그만둬야 했던 많은 여성들을 취재하고 쓴 《여성의 신비》에서 우리가 얼마나 잘못된 고정 관념에 사로잡혀 있었는지를 깨닫게 해 주었지. 프리단은 또 가정이 '여성의 안락한 포로수용소'라며 여성이 육아에서 해방돼 스스로의 정체성을 찾아 사회 활동을 해야 한다고 주장했어. 《여성의 신비》는 세계 각국으로 번역·출간되었고 꿈틀대던 여성 해방 운동의 불씨가 되었지.

1960년대에 일어난 여성 운동은 19세기 여성 참정권 운동에서 한 발짝 더 나아가 남자와 여성이 생활 전반에서 평등한 대우를 받을 수 있도록 노력했지. 이렇게 확산된 페미니즘 운동은 다른 나라로 널리 퍼졌고 덕분에 많은 여성 단체들이 만들어졌어. 프리단은 1966년 전국 여성 동맹(NOW)을 만들어 여성 해방을 알리기 위해 노력했어. 당시 미국 대통령 존 F. 케네디는 여성의 지위에 관한 대통령 특별 위원회를 만들어 여성들의 목소리에 귀 기울였지. 그리고 여성도 남성과 똑같은 임금을 받아야 한다는 '동등 임금법'을 제안했어. 1972년 미국 의회는 남녀 평등권에 관한 헌법 개정을 승인했어.

▲ 베티 프리단

📖 세계사가 한눈에 쏙!

01 소련의 압박에도 동유럽 국가의 자유에 대한 열망은 꺼지지 않았다. 체코슬로바키아에서는 자유를 열망하는 국민들의 바람이 '프라하의 봄'으로 이어졌지만 이는 소련의 무력 진압으로 오래가지 못했다.

02 미국과 소련, 어느 편에도 서지 않고 경제 성장과 사회 발전을 이루려 했던 국가들을 '제3세계'라고 한다. 이들은 세계 여러 나라의 지지를 호소하면서 반둥 회의에서 평화 10원칙을 발표했다. 3년에 한 번씩 열리는 비동맹국 회의는 세계 120여 개 나라가 참가하는 국제적인 기구로 거듭났다.

03 프랑스와 서독을 중심으로 한 유럽 공동체는 경제·정치·군사 부분에서 협력하면서 빠른 속도로 경제 성장을 이루었다. 여기에 주변국들까지 가입하면서 유럽 연합의 규모는 더욱 커졌다.

04   1968년, 프랑스 파리의 대학생들이 시위를 벌이면서 '5월 혁명'이 시작되었다. 프랑스 샤를 드골 정부의 정책에 반대하는 청년 노동자와 학생들이 주도하여 총파업과 투쟁을 벌였다. 5월 혁명은 유럽을 넘어 미국, 일본 등 여러 나라에 영향을 미쳤다.

05   마틴 루터 킹 목사는 어렸을 적부터 인종 차별과 경제적 불평등을 겪으며 부당한 사회와 현실을 바꾸고자 했다. 그는 흑인은 물론 많은 백인들의 지지를 얻으며 차별 없는 세상을 위해 노력했고, 결국 흑인들도 투표권을 얻게 된다.

06   미국의 리처드 닉슨 대통령은 베트남 전쟁에서 평화 협상을 맺고, 중국과 수교를 이루고, 소련과의 관계를 평화적으로 이끌었으나 워터게이트 사건으로 불명예 퇴진하고 만다.

07   빌리 브란트 총리는 동방 정책을 추진하여 사회주의 국가들과 화해하고 동독과 교류하였다. 동방 정책은 독일 통일을 앞당기고 유럽의 평화에 영향을 미쳤다.

4장
사회주의의 몰락과 신자유주의

| 이스라엘 건국과 중동 전쟁
| 중동 전쟁과 흔들린 세계 경제
| 석유 파동과 실패한 케인스주의
| 시장을 자유롭게, 신자유주의의 등장
| 아프가니스탄 전쟁과 소련의 실패
| 냉전의 끝과 다시 찾은 자유
| 역사 속으로 사라진 소련
| 자유의 함성과 무너진 베를린 장벽
| 자유의 바람과 동유럽 국가들의 시련

세계의 힘이 미국과 소련에 양분되는 현상은 점차 나아지고 있었지만 아직도 제3 세계에서는 전쟁이 끊이지 않았고 많은 사람들이 고통을 겪어야 했어. 제3 세계에서 일어난 전쟁은 자유 민주주의나 사회주의 같은 이념 갈등이 아닌 종교와 민족, 문화적 차이로 발생했어. 특히 서남아시아 지역은 이스라엘의 건국으로 주변 이슬람 국가들과 분쟁이 계속되었지.

이슬람 국가들이 석유값을 올리자 세계 경제는 크게 요동쳤어. 석유 파동으로 전 세계 물가가 거침없이 오르고 경제 성장률은 급격히 떨어졌단다. 가장 먼저 미국 경제 사정이 나빠졌고, 다른 나라도 잇따라 심각한 경제난을 겪었어. 사람들은 석유 파동과 각 나라의 경제 정책을 원인으로 지목하고 새로운 경제 정책인 신자유주의를 받아들였어.

한편 세계적으로 냉전의 분위기는 가라앉았지만 소련이 아프가니스탄을 침공하면서 긴장 상태가 다시 높아졌어. 하지만 이 전쟁에서 소련이 지고 말았지. 패배의 쓴맛을 본 소련은 개혁과 개방 정책을 발표하고 미국과 마주 앉아 대화를 하기 시작했어. 변화의 바람을 타고 소련은 해체를 선언했지만, 소련의 영향력 아래 있던 동유럽 국가들은 복잡하게 얽혀 있는 민족과 종교 문제로 보스니아와 세르비아에서 내전을 벌였지. 이 문제 때문에 아직까지 고통이 계속되고 있어.

자, 이제부터 사회주의가 몰락하고 신자유주의가 등장하게 되는 과정을 함께 살펴보자.

◀ 이스라엘의 도시에서 부상 입은 팔레스타인 민병

이스라엘 건국과 중동 전쟁

냉전의 기운이 잦아들자 서남아시아에서는 또 다른 문제가 꿈틀거리고 있었어. 서남아시아는 아시아와 유럽, 아프리카를 잇는 중요한 곳에 있어. 뿐만 아니라 전 세계 석유의 3분의 2가 매장되어 있고 석유 생산량도 전 세계의 3분의 1을 차지하는 곳이야. 그 때문에 오래전부터 석유와 관련된 갈등이 많이 있었던 곳이기도 해. 이 시기 갈등의 불씨가 된 곳은 팔레스타인 지역이었어.

문제의 원인을 제공한 나라는 영국이었지. 영국은 제1차 세계 대전을 겪으면서 유대인과 아랍인들의 도움을 받았어. 그리고 그 대가로 국가가 없던 유대인들에게 나라를 세울 땅을 주겠다고 약속했지. 사실 영국은 어떤 민족에게도 땅을 주거나 나라를 만들 수 있다고 허락할 권한은 없었어. 그러나 영국의 약속을 철석같이 믿은 유대인들은 지금의 팔레스타인과 이스라엘 땅에 나라를 만들었지. 문제는

영국의 중복된 약속

- **맥마흔 선언(1915년)**: 아랍인에게 팔레스타인을 내주겠다는 영국의 약속

"오스만 제국의 지배를 받던 아랍인에게 오스만 제국에 대항해 반란을 일으키면 아랍인 국가의 독립을 약속하겠다."

- **밸푸어 선언(1917년)**: 유대인에게 팔레스타인을 내주어, 국가 재건을 돕겠다는 영국의 약속

"영국을 도운 유대인에게는 보상으로 유대 국가 건설을 돕겠다."

그곳이 이미 팔레스타인 사람들이 살고 있던 지역이었다는 거야. 이 때문에 팔레스타인에 살던 현지인과 새로이 나라를 세우려는 유대인들의 대립이 심해졌지. 영국은 골치 아픈 이 문제를 국제 연합에 떠넘기고 말아.

"이쪽은 유대인들이 살고, 저쪽은 팔레스타인 사람들이 사시오."

"우리 유대인들은 그렇게 하겠소."

"아니, 멀쩡히 잘 살고 있는 우리에게 떠나라고 하다니. 그게 말이 되오?"

국제 연합은 지역을 나눠 두 집단이 함께 살 것을 제안했어. 유대

▲ 1947년 국제 연합 분할안
아랍계 거주 지역 / 유대계 거주 지역

▲ 1948~1949년 전쟁 이후
이스라엘 / 요르단

인들은 기꺼이 받아들였지만 원래 그 지역에 살고 있던 팔레스타인 사람들은 졸지에 땅의 절반을 빼앗기게 된 셈이었지.

그렇게 1948년 유대인들이 이스라엘을 세웠어. 그리고 영국이 팔레스타인 지역을 주기로 한 시리아, 요르단, 사우디아라비아, 이집트 등 주변 아랍 국가들이 아랍 연맹을 만들어 이스라엘과 전쟁을 벌였어. 이것이 제1차 중동 전쟁이야. 하지만 전쟁이 끝난 이후에도 이스라엘과 주변 국가들은 끊임없이 크고 작은 전쟁을 치러야만 했어.

초반에 이스라엘은 아랍 연맹을 이기지 못했어. 하지만 시간이 흐를수록 이스라엘의 힘은 막강해졌어. 결국 이스라엘은 팔레스타인 지역의 약 80퍼센트를 차지하게 되었지.

1956년에는 제2차 중동 전쟁이 발발했어. 제1차 중동 전쟁

▲ 제1차 중동 전쟁

◀ 제1차 중동 전쟁 시 교전 중인 아랍 소대

▲ 1948년 예루살렘을 둘러싼 교전 중 아랍 군대가 대포를 발사하는 모습

이후 사이가 급격하게 나빠진 이스라엘과 아랍 국가들은 서로 전쟁에서 이기기 위해 군사력을 키워 나갔어. 제2차 중동 전쟁은 이스라엘이 이집트의 시나이반도를 공격하면서 생겨났어. 이집트가 이스라엘로 향하는 선박들의 통항을 막아 버렸거든. 이 전쟁에서 미국은 이집트를 지원하던 소련을 견제하려는 목적으로 이스라엘 편에 섰어.

1967년에 또다시 전쟁이 발생했어. 제3차 중동 전쟁이 일어난 거지. 시리아, 이집트 등이 소련의 도움을 받아 이스라엘과 싸웠지만 6일 만에 패배하면서 전쟁이 끝났어. 이 전쟁으로 이스라엘은 요르단강 서쪽, 골란고원, 시나이반도 등을 점령했어. 팔레스타인 사람들은 더욱 설 자리가 없었어. 갈 곳 없는 팔레스타인 난민들은 주변국을 전전하며 살아야 했지. 현재 어느 나라에도 속하지 않으며 이스라엘에 대항하는 팔레스타인 무장 단체의 주요 기지인 가자 지구에 사는 팔레스타인 사람들 역시 요르단강 서안에 있는 분리 장벽에 갇혀 아직까지도 외부와 단절된 삶을 살고 있어.

◀ 제3차 중동 전쟁 이후
- 이스라엘 점령지
- 이스라엘 점령한 뒤 이집트에 반환
- 팔레스타인이 일부 통치

▲ 가자 지구의 분리 장벽

이스라엘은 분리 장벽을 팔레스타인 무장 단체의 테러 공격을 막기 위해 세운 장벽이라고 주장해. 하지만 장벽 안에는 팔레스타인 사람 수만 명이 외부와 분리된 채 매우 열악한 환경에서 살아 가고 있지. 분리 장벽은 인권 침해 등으로 국제적으로 비난받고 있지만 여전히 철거되지 않고 있어.

역사 속 상식 쏙

팔레스타인 해방 기구(PLO)

팔레스타인 사람들은 미국을 등에 업은 이스라엘을 이기기 위해 1964년 팔레스타인 해방 기구(PLO)라는 정치 조직을 만들었어. 팔레스타인 해방 기구는 지도자 아라파트를 중심으로 팔레스타인의 독립을 위한 외교 및 정치 활동을 펼치며 이스라엘에 무장 투쟁을 벌였어. 그 결실로 1993년 이스라엘과 팔레스타인의 자치를 인정하는 오슬로 협정과 카이로 협약을 맺었지. 아라파트는 서남아시아의 평화를 앞당겼다는 공로로 1994년 노벨 평화상을 받기도 해. 하지만 이후로도 이스라엘과 팔레스타인의 갈등이 심해져 현재까지도 분쟁이 끊이지 않고 있어.

1993년 이스라엘과 팔레스타인의 지도자들이 ▶ 오슬로에서 만났을 때의 사진이야. 왼쪽은 이츠하크 라빈 이스라엘 총리, 중간은 빌 클린턴 미국 대통령, 오른쪽은 팔레스타인 해방 기구의 설립자 야세르 아라파트야.

이스라엘의 건국과 중동 전쟁의 흐름

- 1947년 국제 연합 특별 위원회

  "팔레스타인 지방을 아랍인 국가와 유대인 국가로 분할하고 예루살렘은 국제 연합 관리 아래 두는 분할 방식을 채택하겠다."

- 1948년 이스라엘 건국
- 1948년 제1차 중동 전쟁

  이스라엘 vs 주변 아랍 국가(이집트, 요르단, 시리아, 레바논, 이라크)

- 1956년 제2차 중동 전쟁

  이집트 vs 수에즈 운하 경영권 소유 국가(영국, 프랑스, 이스라엘)

  이스라엘이 시나이반도 침공 후 점령

- 1964년 팔레스타인, 팔레스타인 해방 기구(PLO) 결성

  팔레스타인의 독립 국가 수립 선언

  이스라엘이 부당하게 점령한 땅에 팔레스타인의 독립 국가 건설 요청

- 1967년 제3차 중동 전쟁

  이스라엘 vs 아랍 국가

  이스라엘이 베들레헴, 헤브론, 골란고원, 요르단강 서안, 가자 지구를 점령함

- 1968년 아랍 석유 수출국 기구(OAPEC) 결성

  석유의 무기화 선언

- 1973년 제4차 중동 전쟁

  이스라엘 vs 아랍 국가

  이집트군이 선제공격하여 수에즈 운하 탈환

- 1978년 캠프데이비드 협정

  이스라엘을 독립 국가로 인정

  이집트, 시나이반도 일부 회복

- 1993년 오슬로 협정

  이스라엘, 팔레스타인 해방 기구의 요청 수용

중동 전쟁과 흔들린 세계 경제

1973년 이스라엘과 이웃하고 있는 아랍 국가들이 또다시 전쟁을 일으켰어. 제4차 중동 전쟁이야. 제2차 중동 전쟁에서 빼앗긴 시나이반도와 수에즈 운하를 되찾기 위한 전쟁이었지. 이집트와 시리아가 연합해 이스라엘을 공격했고, 전쟁 초반에는 승전보를 울리기도 했어. 그러나 이번에도 미국이 이스라엘에 최신 무기를 지원하며 이스라엘이 승리할 수 있도록 도와주었지.

▲ 제4차 중동 전쟁

"걸핏하면 미국이 나서서 이스라엘을 돕다니. 이참에 코를 납작하게 만들어 줘야겠어."

번번이 전쟁에서 패한 아랍 국가들은 화가 났어. 그리고 마침내 본때를 보여 줄 방법을 찾았지. 바로 석유였어.

서남아시아 아랍 국가들은 전 세계에서 가장 많은 양의 석유를 가지고 있는 나라들이야. 당시 전 세계는 석유를 기본 에너지원으로 사용하고 있었으므로 아랍 국가들은 많은 경제 발전을 이룰 수 있었지. 이들은 1968년에 자신들의 이익을 보호하고 경제 협력을 위한 목적으로 '아랍 석유 수출국 기구(OAPEC)'를 만들었어.

제4차 중동 전쟁이 끝난 뒤, 1973년 아랍 국가들은 기다렸다는 듯

▲ 석유 파동으로 석유 가격이 급등하자 석유 에너지에 의존하던 많은 나라가 어려움을 겪었어.

이 석유 가격을 올리고 생산을 줄여 버렸어. 미국과 미국의 우방국들에 대한 보복 조치였지. 그러자 전 세계에 엄청난 파장이 시작되었어. 석유 가격이 오르자 물가도 덩달아 올랐거든. 그리고 두 차례의 세계 대전 직후 경제적으로 발전을 거듭했던 유럽과 미국의 경제가 송두리째 흔들렸어. 이것을 석유 파동이라고 해.

석유 파동은 1978년에 한 차례 더 발생했어. 이번에는 서남아시아 국가 중 하나인 이란에서 시작되었지. 이란에는 시민들의 혁명으로

◀ 석유 파동 시 비상 배송을 위한 우선 순위 카드들

새 정부가 세워졌어. 새 정부의 지도자 아야톨라 루홀라 호메이니는 친미주의자들이 미국에 석유를 헐값에 넘긴다고 생각했단다. 그래서 이란은 석유 생산을 줄이고 수출을 중단했어. 유럽과 미국 등 선진국의 경제 성장률은 1978년 4퍼센트에서 이듬해 2.9퍼센트로 급격히 낮아졌어. 반면 선진국의 소비자 물가 상승률은 10.3퍼센트, 개발 도상국들은 32퍼센트로 급격히 올라갔어. 석유를 많이 사용하는 중화학 공업이 발달했던 우리나라 역시 석유 파동으로 심한 피해를 입었지. 반면 석유를 가진 산유국들의 경제는 급격히 성장했단다.

▲ 호메이니

1차 석유 파동

	구분	1973년	1974~75년
한국	유가(배럴당 달러)	3.1	10.7
	경제 성장률(%)	12.0	6.6
	물가 상승률(%)	3.2	24.8
	무역 수지(억 달러)	-10.2	-22.9

2차 석유 파동

	구분	1979년	1980년
한국	유가(배럴당 달러)	17.3	28.6
	경제 성장률(%)	6.8	-1.5
	물가 상승률(%)	18.3	28.7
	무역 수지(억 달러)	-52.8	-47.9

▲ 1, 2차 석유 파동 당시 경제 상황(출처: 매일경제)

역사 속 상식 쏙

▲ 석유 수출국 기구 깃발

석유 수출국 기구(OPEC)

석유 수출국 기구는 1960년 이라크, 쿠웨이트, 사우디아라비아, 이란, 베네수엘라가 만든 국제기구야. 2019년, 석유 수출국 기구의 회원국으로는 총 14개 국가가 있어. 석유 수출국 기구는 회원국들끼리 국제적인 석유 가격을 조정하고 협력을 강화하기 위한 목적으로 만들어졌어.

아랍 석유 수출국 기구(OAPEC)

아랍 석유 수출국 기구는 1968년에 만들어진 경제 협력 기구로 아랍 지역에서 석유가 나는 10개국이 모여 만들었어. 이 기구 역시 아랍에 있는 여러 석유 생산국의 이익을 보호하고 경제 협력을 돕기 위해 활동해.

석유 수출국 기구 국제 세미나 ▶

▼ 오일 펌프와 송유관

석유 파동과 실패한 케인스주의

제4차 중동 전쟁 이후 석유 파동이 일어나면서 전 세계 물가는 거침없이 오르고 경제 성장률은 급격히 떨어졌어. 이로 인해 미국은 처음으로 무역 적자를 기록하고 빚을 떠안게 되었어. 미국의 경제가 나빠지자 거미줄처럼 연결되어 있던 다른 나라들도 심각한 경제난에 빠지고 말았어.

석유 파동으로 석유값이 오르다 보니 덩달아 물가가 올랐어. 경제 성장은 멈추었는데 물가는 오르는 현상을 스태그플레이션이라고 해. 스태그플레이션은 이전에는 보기 어려웠던 현상이었어. 이전까지 물가가 오르면 국민 소득도 덩달아 오른다고 생각했거든. 국민 소득이 오르면 지출이 많아지고 그에 따라 자연스럽게 경제가 활성화되었지. 반대로 경제 성장이 멈추면 물가도 떨어질 거라 생각했기에 스태그플레이션은 예상 밖의 일이었단다. 오히려 기업들이 문을 닫아 실업자들이 넘쳐났지. 정부가 나서서 실업자를 구제하고 어려운 기업을 도와주어야 경제가 안정된다는 이론인 '케인스주의'는 전혀 들어맞지 않았어.

더욱이 베트남 전쟁에서 패배를 맛본 미국은 전쟁으로 치른 비용을 감당하기 위해 달러를 마구 찍어 냈어. 그래서 미국 달러의 가치는 급격히 떨어지기 시작했어. 화폐가 많아지면 가치가 떨어지고 물가는 더없이 올라가는 현상이 일어나거든. 미국은 금을 가지고 오면 달

> 스태그플레이션은 경제가 좋지 않은 상황인데도 물가는 계속 오르는 현상으로, 경기 침체를 뜻하는 스태그네이션(stagnation)과 물가 상승을 뜻하는 인플레이션(inflation)이 합쳐진 말이야.

▲ 케인스

러와 바꾸어 주었는데, 달러의 가치가 떨어지자 세계 여러 나라에서 달러를 금으로 바꿔 달라는 요구가 빗발쳤지. 급기야 미국은 더 이상 달러와 금을 바꿔 주지 않겠다고 선언하기에 이르렀어. 이에 달러를 사용한 국가들은 경제에 큰 타격을 입고 말았지.

역사 속 상식 쏙

케인스주의

이전까지 많은 나라는 시장의 흐름에 경제를 맡기는 자유 방임주의 경제 정책을 실시하고 있었어. 하지만 영국의 경제학자 케인스는 국가가 경제에 개입해야 한다고 주장했지. 케인스는 자유 방임주의의 대안으로 '케인스 이론'을 만들었어. 케인스는 정부가 나서서 경제에 적극적으로 개입하고 복지 정책을 늘려야 한다고 했지. 1930년 대공황을 거친 세계 각국은 케인스의 이론을 받아들였어. 그러나 1973년 세계는 또다시 경제 불황을 겪었지. 높아진 실업률과 속속 문을 닫는 기업들로 국가는 더 이상 복지 정책을 쓸 수 없을 정도로 힘든 상황에 처했어. 사회가 불안정해지고 경제적 불평등이 심각해지자 케인스주의를 따르던 선진국들은 국가의 개입을 줄이고 더불어 복지 정책도 줄이기 시작하는 등 경제 정책을 바꾸기 시작했단다.

▼ 대공황 당시 실업자를 대상으로 한 무료 식사 배급

시장을 자유롭게, 신자유주의의 등장

1970년대 불황이 한바탕 전 세계를 휩쓸고 지나가자 사람들은 새로운 경제 정책의 필요성을 느꼈어. 이때 국가가 지나치게 개인과 시장 경제에 간섭해 경제 불황을 오게 했다며 새로운 경제 정책인 '신자유주의'가 등장했지.

이전까지만 해도 각 나라는 보호 무역을 하며 자국의 산업을 보호하는 정책을 펼쳤어. 다른 나라에서 들어오는 물품에 관세를 물게 하는 정책을 펴서 자국의 산업을 보호하려고 한 거지. 그런데 이것이 오히려 경제를 악화시키고 불황을 이끌었다는 지적이 나온 거야. 이를 극복하기 위해 각국은 경제에 대한 국가의 규제를 반대하고 시장의 역할을 강조하는 자유주의 정책을 펼쳤어. 바로 신자유주의야. 신자유주의는 전 세계적으로 경제 및 사회의 모든 영역에서 시장 경쟁의 원리 도입, 공공 서비스 축소, 산업 구조 조정, 자본의 자유로운 이동과 이윤 추구를 보장하는 것을 내용으로 하는 경제 이념이야.

영국 역시 신자유주의 정책을 환영했어. 영국은 경제 위기가 있을 때마다 국가가 적극적으로 개입해 문제를 해결했어. 어려운 기업은 세금으로 살리고 힘들어하는 국민에게는 복지 정책을 제공했지. 사람이 태어나 죽을 때까지 국가에서 책임진다는 의미에서 '요람에서 무덤까지'라는 말이 나올 정도였어.

▲ 영국의 '요람에서 무덤까지' 복지 정책을 표현한 그림

심지어 일하지 않는 사람에게도 혜택을 주고 파업을 한 노동자들에게는 무조건 임금을 올려 주었지. 이에 많은 영국 기업의 노동자부터 공무원들까지 파업에 참여해 사회는 무척 혼란스러웠어. 영국 국민들의 무기력하고 국가에만 의지해 사는 모습에서 '영국병'이라는 단어가 생겨나기도 했어.

▲ 대처

1976년 영국 정부는 막대하게 쌓인 빚을 이기지 못하고 국제 통화 기금(IMF)에 돈을 빌려야 했어. 1997년 우리나라에 들이닥친 경제 위기가 영국에는 20년이나 일찍 찾아온 거야. 그런데 그런 영국에도 변화가 일어났어. 1979년 노동당을 이기고 유럽 최초로 여성 총리가 된 마거릿 대처가 영국 경제를 살리기 위해 여러 정책을 펼쳤던 거야.

"앞으로 신자유주의 정책에 따라 나라를 운영할 것입니다."

대처는 지금까지 영국이 따르고 있던 케인스주의를 낡은 서랍 속에 넣어 버리고 복지 정책을 대폭 없앴어. 또 신자유주의 정책으로 국가의 주요 공기업인 철강, 전기, 수도 등을 민영화했지. 이전까지 공공 기관은 경쟁의 필요성도 느끼지 못하고 독점 운영되는 경우가 많았어. 경쟁이 없다 보니 서비스와 품질이 좋지 않을 수밖에 없었지. 이런 문제를 바로잡은 뒤 대처 총리는 기업의 규제를 풀고 세금을 줄여 주는 등 신자유주의 정책을 펼쳤지.

획기적인 정책 추진, 독단적인 정부 운영으로 마거릿 대처의 별명은 '철의 여인'이었지.

대처의 갑작스러운 신자유주의 정책으로 영국 사회에는 혼란이 일었어. 어려운 회사들이 문을 닫아 실업자가 넘쳤고 실업 위기에 처한 노동자들은 연일 파업을 이어 나갔지. 특히 탄광 노동자들의 파업이 치열했는데 대처는 이들을 강경하게 진압했어.

▲ 마거릿 대처의 정책에 반대하는 탄광 노동자들의 시위

시위 진압은 가혹했고 국민들 삶의 변화는 갑작스러웠단다. 이 과정에서 많은 이들이 직장을 잃고, 줄어든 복지 정책으로 고통을 겪어야 했지. 하지만 시간이 흐를수록 영국 경제는 살아났어. 산업 혁명부터 영국 경제를 이끌어 왔던 탄광, 철광 산업은 이미 경쟁에서 밀려나고 금융업과 같은 새로운 산업이 성장하기 시작하던 시기였지. 영국은 외국 기업들이 쉽게 투자할 수 있도록 규제를 풀어 주는 정책을 펼쳤어. 세계 기업들은 영국으로 몰렸지. 이로써 금융업은 더욱 성장했고 영국 런던은 세계적인 금융의 중심지로 자리 잡았단다. 그 덕분에 대처는 수상 취임 이후 스태그플레이션으로 허덕이던 영국 경제를 단번에 끌어올렸다는 긍정적인 평가를 받고 있지.

석유 파동 이후 극심한 경제 위기를 겪은 미국 역시 경제 정책에 변화를 주어야 했어. 이에 미국 대통령 로널드 레이건은 침체되어

▲ 레이건

있던 미국 경제를 살리기 위해 신자유주의 경제 정책을 받아들이지. 레이건은 당장 미국 국민들에게 들어가는 복지 정책을 줄였어. 또한 기업들의 경쟁력을 높이기 위해 각종 규제를 없애고 세금도 줄여 주었지. 자동차나 철강 산업 등 경쟁력이 없다고 판단되는 산업은 과감히 문을 닫게 했고, 정보 통신 산업과 군수 산업 등 새로운 분야의 산업을 발전시켰지.

역사 속 상식 쏙

신자유주의의 한계

신자유주의는 국가가 경제 활동에 간섭하지 않고 모든 것을 시장의 자율에 맡기는 경제 정책을 말해. 신자유주의는 국가 경쟁력을 강화하는 효과가 있는 반면, 기업 중심으로 생각하다 보니 기업이 고용과 임금을 자유롭게 조정할 수가 있다는 문제가 있어. 즉 기업이 필요하면 노동자를 고용하고, 필요 없다면 해고할 수 있는 거지. 이렇게 되면 실업자가 늘어나고, 빈부 격차는 커지게 돼. 또 선진국과 후진국 사이에 격차가 벌어지고 갈등이 일어나지. 실제 영국에서는 석탄과 철강 산업을 대신해 금융 산업이 발전했는데 이로 인해 실업자가 늘어났어. 고등 교육을 받지 못하고 별다른 기술이 없는 사람들은 단순 노동 말고는 할 일이 없었거든. 그래서 항상 해고의 위험에 놓여 있었지. 이들과 달리 금융업에서 일하는 사람들은 높은 임금을 받고 부를 쌓았어.

역사 속 재미 쏙

신자유주의의 허점

다음 상황에 해당되는 곳은 어떤 나라일까?

- 두 손가락이 잘린 환자가 한 손가락만 봉합 수술을 받았어. 이유는 돈이 없기 때문이야.
- 병원비가 없으면 병원에서는 아무리 위급한 환자라도 절대 치료해 주지 않아.
- 한 남자는 무릎이 찢어졌지만 스스로 치료해. 병원비가 비싸서 병원에 가지 못하기 때문이야.
- 해마다 많은 사람이 병원비로 빚을 지고 결국 파산해.

정답은 신자유주의를 가장 크게 외친 나라, 미국이야. 세계에서 영향력도 가장 크고 가장 잘사는 나라로 손꼽혀 누구나 가고 싶어 하는 나라지. 그런데 그런 미국에도 심각한 문제가 있어. 바로 의료 문제야. 우리는 감기가 걸리거나 몸이 아플 때, 또는 사고가 났을 때 병원에 가서 알맞은 치료를 받아. 사고가 나면 구급차를 타고 병원에 가. 의료진은 최선을 다해 환자를 치료하지. 예외도 있지만 큰 병이든 작은 병이든 국가에서 일부 비용을 지원해 주기 때문에 무리 없이 치료를 받을 수 있어.

하지만 미국은 달라. 바로 우리나라처럼 국민을 대상으로 한 의료 보험 제도가 없어서 그래. 미국에서는 의료 보험을 민영화해서 의료 보험에 가입하려면 터무니없이 비싼 돈을 내야만 하지. 이 때문에 미국에서 의료 보험에 가입하지 않은 사람은 무려 5000만 명이나 된단다.

민영화는 경쟁을 통한 지역 발전 등 여러 면에서 경제를 발전시켜. 하지만 의료 보험 사례로도 알 수 있듯 무분별한 민영화는 국민의 기본권을 침해하거나 생명을 앗아 갈 수도 있어.

아프가니스탄 전쟁과 소련의 실패

냉전의 해체로 전 세계적으로 평화의 바람이 불어오던 것도 잠시, 전쟁의 기운이 다시 감도는 사건이 발생했어. 바로 서아시아에 있는 아프가니스탄에서였지. 1978년 소련은 아프가니스탄 인민 민주당(PDPA)을 지원했어. 소련을 등에 업은 그들은 쿠데타로 정권을 장악했지. 인민 민주당은 급진적인 사회 개혁을 시도했지만 이슬람을 믿는 국민들과의 갈등은 피할 수 없었어. 결국 무자헤딘이라는 이슬람 반군 게릴라 단체와 친소파인 인민 민주당의 갈등이 전쟁으로 번진 거야. 소련은 군대를 보내 아프가니스탄 이슬람 반란군을 진압하려고 했지.

무자헤딘은 지하드(성전)에서 싸우는 전사를 뜻하는 말로 아프가니스탄 반군 단체를 말해.

▲ 무자헤딘 군인들의 모습

"소련이 아프가니스탄을 공격했다고? 우리도 가만히 있을 수 없지!"

미국은 최첨단 무기를 앞세워 소련을 압박했어. 그리고 이슬람 반란군을 지원했지. 제2차 세계 대전 뒤 무기 경쟁에 밀린 소련은 미국의 최첨단 무기들 앞에서 맥을 못 추고 말았어. 사실 미국은 계산을 하고 있었어. 서아시아에 있는 아프가니스탄은 서아시아와 중앙아시아를 잇는, 지리적으로 아주 중요한 곳에 있었거든. 게다가 석유가 풍부한 서아시아, 서남아시아, 중앙아시아 지역은 과거에도 강대국들의 침입이 잦았던 곳이었어. 아프가니스탄을 소련에 빼앗긴다면 다른 이슬람 국가들도 소련의 손에 넘어갈 수 있었

▲ 아프가니스탄에서 귀국하는 소련군(왼쪽)과 아프가니스탄 전쟁 추모비(오른쪽)

지. 그렇기에 미국은 아프가니스탄에 관심이 많았던 거야.

1979년에 시작된 아프가니스탄 전쟁은 9년이 넘게 이어졌어. 9년 동안 소련은 아프가니스탄에 막대한 돈을 쏟아부었단다. 두 차례의 석유 파동 때 산유국이었던 소련은 수입을 올리고 있었는데, 그 돈마저 모두 무기를 개발한다며 써 버리고 말았어. 돈만 낭비한 게 아니었어. 전쟁 중 군인과 민간인 150만여 명이 목숨을 잃었지. 소련의 아프가니스탄 침공을 보며 세계인들은 미국의 베트남 전쟁을 떠올렸어. 소련의 입장에서 전쟁은 말 그대로 대실패였지.

냉전의 끝과 다시 찾은 자유

1985년 소련 공산당 서기장으로 선출된 미하엘 고르바초프는 아프가니스탄 전쟁의 실패를 보며 중대한 결심을 했어.

"더 이상 소련은 미국과 전쟁을 하지 않을 거야."

고르바초프는 소련의 정치와 경제 체제에 문제가 있다고 생각했어. 그러고는 이전까지 막강한 힘을 누리던 소련이 힘든 나날을 보내는 것에 대해 깊이 고민했지. 그리고 두 가지 개혁안을 내놓게 돼. 바로 '페레스트로이카(개혁)'와 '글라스노스트(개방)'야. 이 두 가지는 소련의 개

▼ 고르바초프

혁과 개방을 위한 정책을 기본 내용으로 하고 있어. 소련은 아프가니스탄에 있었던 소련군을 철수시키고 군에 들어갔던 막대한 비용을 대폭 줄였어. 중국과 정상 회담을 열어 좋은 관계가 되려 노력도 했지. 특히 1987년에는 중거리 핵전력 조약(INF)을 맺어 미국과 소련 서로가 중거리와 단거리 미사일을 폐기하기로 약속했어. 소련의 이런 변화에 미국은 박수를 치며 환영했지.

1989년, 미국 조지 부시 대통령은 소련에 봉쇄 정책을 시행하지 않겠다고 선언하지. 그리고 같은 해 12월에는 지중해에 있는 몰타섬에서 두 나라의 정상이 만나기도 했단다.

"우리 같이 냉전을 끝냅시다."

"좋소. 더 이상 불필요한 전쟁을 하지 맙시다."

텔레비전으로 세계인들이 지켜보는 가운데 만난 두 정상은 냉전의 끝을 약속하며 손을 맞잡았어. 몰타미소정상 회담으로 무려 40년 동안 얼음장처럼 차가웠던 소련과 미국의 관계가 녹기 시작한 거야.

▲ 몰타섬에서 식사하는 부시와 고르바초프

중거리 핵전력 조약에는 미국이 만들었거나 만들게 될 가능성이 있는 핵무기 등 최신 무기는 제외되었어.

고르바초프의 개혁과 개방

- **페레스트로이카**

    재편, 개혁이란 뜻의 러시아어로 경제, 사회 및 모든 영역에서의 개혁을 말해. 민주화와 자유화, 냉전으로부터의 긴장 완화가 목표야. 이 개혁을 통해 정부에서 가지고 있었던 은행과 기업들을 개인도 가질 수 있게 되었어.

- **글라스노스트**

    개방, 공개라는 뜻의 러시아어로, 러시아 정권의 정보를 공개하고 언론의 통제를 푸는 개방 정책을 의미해. 이를 통해 개인의 정치적 활동이 억압을 받지 않고 자신의 생각을 말과 글로 표현할 수 있게 되었어.

역사 속으로 사라진 소련

소련에 변화가 찾아온 이 중요한 시기에 찬물을 끼얹는 존재가 있었어. 바로 소련의 공산당이었지. 공산당은 고르바초프의 개혁과 개방 정책에 불만이 많았어. 급기야 쿠데타를 일으켜 고르바초프를 감금하기에 이르렀지. 그러나 보리스 옐친이 공산당의 쿠데타를 막고 감금된 고르바초프를 구하는 데에 큰 역할을 했어. 소련은 열다섯 개의 공화국으로 이루어진 연방 국가였는데 옐친은 그중 하나인 '러시아 연방 공화국'의

▲ 옐친

대통령이었어. 결국 공산당은 해체되었어. 하지만 고르바초프의 힘도 이미 약해져 있었기에 소련은 새로운 지도자 옐친을 중심으로 이전보다 더 빠르게 개혁과 개방 정책을 추진했어.

"소비에트 연방을 해체하는 것만이 우리가 살길입니다."

옐친의 발언은 사회주의 국가들에 반가움을 넘어 놀라움과 충격을 주었어. 70년 동안 막강했던 사회주의 정권을 하루아침에 무너뜨리자는 말과도 같았으니 말이야.

결국 1991년, 소련의 해체가 공식적으로 선언되었어. 1922년에 탄생한 소련이 약 70여 년 만에 뿔뿔이 흩어지게 된 거야. 연방을 맺고 있던 열다섯 개 공화국은 모두 독립 국가가 되었어. 그리고 러시아, 벨라루스, 몰도바, 우즈베키스탄, 카자흐스탄, 우크라이나 등의 국가들은 국제기구인 '독립 국가 연합(CIS)'을 만들어 함께하기로 했어.

▲ 독립 국가 연합(CIS) 기념사진과 깃발

옐친은 신자유주의 정책에 따라 국가가 가지고 있던 기업과 은행, 농장 등을 민영화하고 외국 기업이 국내로 자유롭게 들어오도록 했지. 하지만 경제 상황은 좀처럼 나아지지 않았어. 공산주의 체제에서 자본주의 체제로 단번에 바꿀 수 없는 일이었지. 국민들의 삶은 더 나빠졌고 지도부의 부정부패는 말할 수도 없었어. 사회는 어수선했고, 국민들의 고통이 끝나기에는 아직 멀어 보였어.

자유의 함성과 무너진 베를린 장벽

소련의 개혁과 개방의 물결은 유럽으로 들이닥쳤어. 가장 큰 변화를 보인 곳은 서쪽과 동쪽으로 나뉜 독일이었어. 서독과 동독을 나누고 있던 베를린 장벽은 냉전 시대의 상징물과도 같았지. 이전까지만 해도 자유를 원하는 동독 주민들은 베를린 장벽을 넘어 서독으로 넘어갔지.

처음에는 자유롭게 동독과 서독을 오갔지만 이후에 생긴 장벽 때문에 더 이상 서독으로 갈 수가 없었어. 그래서 동독 사람들은 장벽을 몰래 뛰어넘는 것은 물론 땅굴을 파거나 열기구를 타고 서독으로 빠져나갔어. 하지만 점차 검문과 검색이 강해지면서 서독으로 갈 꿈조차 꿀 수 없게 되었지.

"독재는 물러나라!"

"우리에게 자유를 달라!"

"서독으로 자유롭게 갈 수 있도록 하라!"

1989년 동독에서는 민주주의를 요구하는 사람들의 목소리가 울려 퍼졌어. 그들은 자유롭게 서독을 오갈 수 있도록 요구했지. 동독 정부가 무력으로 그들을 막는 것은 더 이상 불가능했어. 동독군과 정부는 마비 상태에 이르렀지. 사람들은 망치와 삽 등을 들고 베를린

▲ 베를린 장벽

장벽으로 몰려가 굳건하게 서 있던 장벽을 무너뜨렸어. 군인들도 장벽을 무너뜨리는 사람들을 차마 막지 못했지. 한쪽에서 장벽을 부수려 하자 반대쪽 역시 사람들이 몰려와 장벽을 허물었어. 장벽이 무너질 때마다 사람들은 환호했지. 무너진 담벼락을 밟고 선 사람들은 너나 할 것 없이 악수하며 포옹했어. 이 모습이 마치 축제와도 같았지. 11월 9일, 베를린 장벽이 무너지고 1년 뒤인 1990년 동독과 서독은 결국 통일을 이루었어.

자유의 바람과 동유럽 국가들의 시련

혼란스러운 건 동유럽도 마찬가지였어. 동독과 서독의 베를린 장벽 붕괴와 더불어 1989년부터 이듬해까지 동유럽의 공산주의 정권이 물러났거든. 자유를 맞이한 동유럽 국가들은 민족과 종교 문제로 연일 시한폭탄 같은 나날을 보내고 있었지.

이들은 공산주의 국가 체제에서 큰 갈등 없이 지냈지만 소련이 해체하자 유고슬라비아 연방을 탈퇴하려는 움직임을 보였어.

"독립을 한다고? 절대 안 돼!"

이 지역을 다스리던 세르비아는 보스니아-헤르체고비나의 독립을 반대했어. 결국 두 나라 사이에 내전이 발생했지. 수많은 사람들이 목숨을 잃었는데도 내전은 반복되었어.

또 다른 비극적인 사건은 세르비아 안에 있던 코소보에서 일어났어. 코소보는 인구의 약 90퍼센트가 이슬람교를 믿는 알바니아계 민족이고 나머지 10퍼센트는 세르비아 정교를 믿는 세르비아계 민족이야. 이들이 함께 살게 된 이유는 14세기로 거슬러 올라가. 코소보를 점령한 오스만 제국이 많은 세르비아인들을 죽이고 알바니아 사람들을 데려와 살게 했어. 그 이후부터 알바니아계 사람들과 세르비아계 사람들은 사이가 무척 안 좋았어.

"우리도 독립을 원한다!"

코소보의 알바니아계 사람들은 지배 세력이던 세르비아로부터 독립하고 싶었어. 오래전부터 차별을 당해 왔기에 늘 독립을 꿈꿨지.

하지만 세르비아 사람들은 알바니아계 사람들을 학살했어. 이들은 과거 자신들이 당했던 일을 갚아 줘야 한다는 생각에 끔찍한 일도 서슴지 않았지. 알바니아계 사람들을 다 없애겠다는 생각이었던 거야. 이러한 생각을 배경으로 하여 1998년에 빚어진 이 유혈 충돌을 '코소보 사태'라고 해. 코소보 사태로 인구 201만여 명 중 약 1만 명이 사망했고, 90만 명 이상이 집을 잃으면서 결국 난민이 되었어.

뒤늦게 이들은 국제 연합과 미국이 개입하면서 평화 협정을 맺어. 2008년에 코소보는 독립을 선언했지만 세르비아는 여전히 코소보의 독립을 인정하지 않고 있는 상태야. 갈등의 불씨가 여전히 살아 있는 거지.

▼ 코소보 난민

▲ 유고슬라비아 해체(코소보 독립)

유고슬라비아는 제1차 세계 대전이 끝났을 때에는 '세르비아-크로아티아-슬로베니아 왕국'이라는 이름으로 국가가 수립되었어.

1989년에 일어난 동유럽의 민주화로 크로아티아, 슬로베니아, 보스니아-헤르체고비나, 마케도니아 4국이 독립했어. 남은 세르비아와 몬테네그로가 신유고슬라비아 연방을 결성했지.

세계사가 한눈에 쏙!

01 팔레스타인은 갈등의 불씨가 되는 지역이었다. 전쟁에 도움을 주면 이 지역에서 거주할 수 있도록 돕겠다는 영국의 중복 약속으로 팔레스타인인과 유대인은 서로 이 지역을 두고 분쟁을 벌였다. 1948년 유대인이 이스라엘을 세우자 주변국들은 아랍 연맹을 만들어서 이스라엘과 전쟁을 시작했다. 길고 긴 중동 전쟁이 시작된 것이다.

02 1956년과 1967년 각각 제2차, 제3차 중동 전쟁이 발발했다. 이스라엘은 모든 전쟁에서 승리하여 요르단강 서쪽, 골란고원, 이집트의 시나이반도 등을 점령했다. 팔레스타인인들은 난민이 되어 주변국을 전전하는 신세가 되었다.

03 서남아시아의 아랍 국가들은 미국과 미국의 우방국에 대한 보복 조치로 석유 가격을 올리고 생산을 줄였다. 그 때문에 전 세계적으로 석유 파동이 일어나며 실업률이 증가하고 경제 성장률이 떨어졌다.

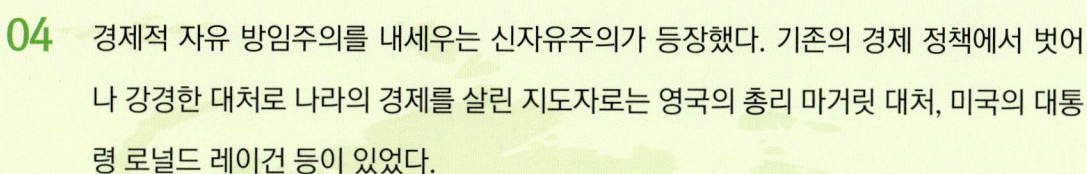

04 경제적 자유 방임주의를 내세우는 신자유주의가 등장했다. 기존의 경제 정책에서 벗어나 강경한 대처로 나라의 경제를 살린 지도자로는 영국의 총리 마거릿 대처, 미국의 대통령 로널드 레이건 등이 있었다.

05 소련이 아프가니스탄을 공격하면서 전쟁이 발발한다. 미국에 지원을 나서면서 전쟁은 장장 9년이나 이어졌다. 군인과 민간인을 포함한 많은 사람들이 목숨을 잃었다.

06 계속해서 이어졌던 냉전은 몰타미소정상회담을 통해 끝나게 되었다. 미국과 소련의 정상이 만나 길고 길었던 냉전의 끝을 고했다. 이와 함께 1989년 독일을 동서로 가르고 있었던 냉전의 상징, 베를린 장벽이 무너졌고 독일은 통일을 이루었다. 1991년에는 소련도 공식적으로 해체되었다.

5장
현대 사회의 문제와 미래 사회

| 환경 문제
| 신자유주의 확산에 따른 빈부 격차의 심화
| 난민 문제
| 기아와 질병 문제
| 군비 경쟁과 반전 반핵 운동
| 미래 사회를 위한 준비

제2차 세계 대전이 끝난 뒤 세계는 국제 연합을 만들고 평화를 지키기 위하여 공동으로 협력해 왔어. 그리고 산업과 과학이 발달하면서 사람들은 풍요로운 삶을 누리게 되었지. 이러한 국제적인 노력에도 지역별로 민족, 인종, 종교 간 갈등이 늘어나고 있어.

또한 편리한 삶을 살게 되면서 그 이면에는 환경 파괴라는 문제도 생겼지. 산업 발달이 가져온 환경 파괴로 지구 곳곳은 황폐해졌어. 세계인들은 머리를 맞대고 환경을 지키자고 약속했단다. 이렇듯 세계는 잦은 분쟁과 갈등 속에서도 평화를 위한 활동과 대화를 촉구하며 갈등을 이겨 내고자 노력하고 있지. 우리도 미래 세계를 위해 어떤 일을 해야 할지 함께 생각해 보도록 하자.

▼ 라니냐로 발생한 홍수

환경 문제

정보 통신 기술의 발달, 의료 기술의 발전 등으로 인간의 기대 수명이 늘어나고 산업화, 도시화의 진전으로 인류의 생활은 더욱 윤택해지고 편안해졌어. 그러나 급격한 인구 증가와 도시의 팽창으로 환경 오염 문제가 대두됐지. 인류는 역사적으로 아주 오래전부터 기술을 사용하여 자연 환경을 변화시켰어. 초기 문명이 발생했던 유프라테스강과 티그리스강 유역은 본래 초원과 숲이 발달한 지역이었는데, 문명이 발달하면서 숲이 사라지고 말았어.

오늘날 우리가 직면한 환경 문제는 산업 혁명 이후 급속히 발달한 기술에 의한 것이야. 자연 환경이 파괴되며 생기는 대기 오염과 수질 오염 등이 그 대표적인 문제이지. 특히 지구 온난화 현상은 인류가 해결해야 할 가장 커다란 과제야.

지구 환경 위기의 또 다른 요인은 오존층 파괴야. 오존층은 햇빛 중 해로운 자외선을 차단하여 지표면의 생물을 보호하는 역할을 해. 그런데 냉장고나 에어컨 등에 사용하는 특정 화학 물질이 오존층을 파괴하면서 오존층에 커다란 구멍이 만들어졌어. 이 때

▲ 쓰레기로 오염된 바다

◀ 비닐 봉지를 삼키는 거북이

◀ 지구 온난화로 살 곳을 잃은 북극곰

문에 지구상의 많은 생물들이 자외선에 노출되어 피부암에 걸리거나 광합성을 방해받고 있지. 세계 각국은 지구 온난화 문제를 해결하기 위해 기후 협약을 맺고 이산화탄소 배출량을 조절하는 등 각종 노력을 함께 전개하고 있어.

오늘날 아마존의 모습

세계의 허파라고 불리는 아마존강 유역에는 일찍부터 벌목이 이루어졌어. 빽빽이 들어선 숲을 밀어 버리고 방대한 가축 농장을 만들거나 광산 개발과 댐 건설을 한 거야. 이미 많은 숲이 파괴되고 그 안에 고유의 문화를 간직하며 살아가던 원주민들도 갈 곳을 잃었지. 나무를 없애고 만든 땅에는 대규모 농장이 지어졌어. 농장에서는 소나 돼지 같은 가축들을 길렀지. 하지만 가축을 키우면서 많은 양의 이산화탄소가 나오게 되었어. 뿐만 아니라 가축의 배설물과 소화 기관에서 메탄과 아산화 질소 등이 나왔지. 사실 가축 농장은 환경 파괴의 주범이라 할 수 있어. 지구 온난화를 일으키는 온실 가스의 4분의 1이 농업 분야에서 나오고 그중 가축이 전체의 14.5퍼센트나 차지하거든.

◀ 2017년 동안 전체 삼림의 11퍼센트가 사라진 브라질의 아마존 열대 우림

신자유주의 확산에 따른 빈부 격차의 심화

신자유주의의 확산과 세계화의 결과 전 세계로의 상품과 아이디어의 이동이 쉬워졌어. 이 덕분에 상품 가격을 낮추고 생산 활동을 늘려 전 세계의 부는 전반적으로 증가할 수 있었지. 하지만 세계화가 긍정적인 효과만을 가져온 것은 아니었어. 국가 간 불공평한 부의 분배로 북반구의 선진 산업 국가와 남반구의 개발 도상국 간의 격차는 더욱 커지고, 한 국가 내에서도 빈부 격차가 더욱 심해지고 있어.

실제로 북반구와 남반구 사이의 부의 격차는 20세기 동안 더욱 커졌어. 1990년에 중심부 국가의 국민들은 주변부 국가의 국민들에 비해 세 배 정도 부유했지. 하지만 1990년대 말이 되면서 이 격차는 일곱 배 이상으로 벌어졌어. 또한 세계에서 가장 가난한 20퍼센트에 속하는 국가의 국민 소득은 세계 총소득의 1퍼센트도 차지하지 못하고 있는 실정이야.

이렇게 부의 분배가 불평등하게 되는 또 다른 원인으로는 다국적 기업을 들 수 있어. 여러 나라에 계열 회사를 거느리면서 세계 곳곳에서 생산과 판매를 하고 있는 다국적 기업들이 이윤을 극대화하는 과정에서 각종 환경 문제와 인권 문제가 발생하고 있거든. 다국적 기업은 싼 가격의 제품을 만들기 위해 개발 도상국이나 후진국의 노동자들에게 낮은 임금을 지불하고 있어. 더욱이 이윤을 극대화하기 위해 한정된 자원을 빠른 속도로 고갈시켰는데, 이는 환경을 오염시키는 주범이 되기도 해. 이러한 문제점을 해결하기 위해 각국 정부는 다국적 기업에 대한 감시 활동을 강화하고 자국 내 노동 환경을 개선했으며, 노동자들의 후생 복지를 향상하기 위해 많은 노력을 기울이고 있어. 또 기업들도 상품의 중간 유통 과정을 최소화하고 원료 생산자들에게 이익을 되돌리는 형태의 공정 무역을 하려고 노력하고 있지.

난민 문제

난민은 일반적으로 생활이 어려운 사람들, 전쟁이나 천재지변으로 위기에 처한 이재민을 의미해. 하지만 최근 난민은 국가 간의 전쟁이나 내전이 발생하는 곳에서 주로 볼 수 있지. 아프리카와 서남아시아 일대, 발칸반도 일대가 난민이 발생하는 대표적인 지역이야.

1948년 팔레스타인 지역에서 일어난 전쟁에서 수많은 난민이 발생했고, 1998년 코소보에서 벌어진 세르비아군의 인종 청소 때에는 78만 명에 달하는 주민이 학살을 피해 국외로 탈출했어. 아프리카의 르완다, 콩고, 소말리아, 수단 등에서 발생한 내전에서는 수십만 명의 주민이 희생을 당하고 수백만 명의 난민이 발생했지.

미국과의 전쟁에서 전 국토가 초토화된 이라크에서는 약 220만 명의 난민이 발생했으며 2011년 시리아에서는 민주화 시위로 내전이 일어나 수백만 명의 난민이 발생했어.

현재 난민의 삶은 매우 참혹한 상태야. 식량과 마실 물은 늘 모자라고, 적절한 교육과 의료 서비스를 제공받는 것은 꿈도 꾸지 못할 일이지. 난민들이 살아가고 있는 수용소는 비바람을 겨우 피할 정도의 천막들로 이루어져 있어. 그 속에서 난민들은 일주일에 한두 번씩 배급되는 최소한의 식량으로 근근이 살아가고 있지.

▲ 유럽을 떠도는 난민

특히 전체 난민 수의 절반 가까이를 차지하는 어린이 난민들은 보호자가 없어 가장 취약한 상태에 놓여 있어.

난민은 안전하게 보호받을 권리가 있어. 그래서 유엔에는 난민을 보호하고 난민 문제를 해결하기 위한 유엔 난민 기구가 있지. 유엔 난민 기구는 내전과 박해로 집을 잃은 3400만 명 이상의 난민을 돕기 위해 국제적인 조치를 주도하고 조정할 권한을 갖고 있어. 우리나라에도 유엔 난민 기구 한국 대표부가 있어 전 세계 난민 문제를 국민들에게 알리고 함께 해결해 나가기 위해 노력하고 있어.

기아와 질병 문제

많은 전문가들은 환경 오염으로 기후가 변화하고 인구가 증가하면서 앞으로 세계 식량 문제가 심각한 상태에 이를 것이라고 해. 그런데 더 큰 문제는 북반구의 선진국에서는 영양 과잉으로 병에 걸려 죽는 사람이 늘어나는 반면, 남반구의 개발 도상국에서는 영양실조로 굶어 죽는 사람이 늘어 간다는 점이야. 특히 아시아, 아프리카 지역에서는 수많은 사람들이 굶주림에 시달리고 있어.

1984년에 일어난 혹독한 가뭄 이후 약 5억 명의 아프리카 인구 가운데 2억 명 정도가 기아에 허덕이고 있으며, 매일 수백 명의 사람들이 죽어 가고 있는 것으로 알려졌어. 가뭄과 홍수가 앞으로 계속될 것으로 전망되는 가운데 라이베리아, 알제리, 르완다 등에서는 여전히 내전이 지속되고 있어 기아 인구가 더 늘어날 전망이야. 국제 연합 등 각종 국제 기구 및 단체가 계속 구호 활동을 벌이고는 있지만 도움의 손길은 턱없이 부족한 상태이지.

질병 또한 인류를 위협하는 아주 큰 문제야. 생명 공학과 의학의 발전으로 질병 치료법이 발전하고 평균 수명도 늘어났지만 여전히 몇몇 난치병은 인류를 위협하고 있어. 게다가 이러한 난치병은 가난한 나라에서 더 많이 발생하는데 치료하기 위한 의료 자원은 턱없이 부족한 형편이란다.

군비 경쟁과 반전 반핵 운동

1945년 미국이 원자 폭탄을 개발한 이후 소련도 핵무기 개발에 성공해 두 나라 사이의 핵무기 경쟁이 본격화되었어. 1957년 소련이 대륙 간 탄도 미사일을 개발하고 최초로 인공위성 스푸트니크호를 발사하는 데 성공하자 미국은 항공 우주국(NASA)을 창설했어. 그리고 잠수함 발사 탄도 미사일과 전략 폭격기를 개발하고 발전시키는 데 모든 노력을 기울였지. 이러한 군비 경쟁의 분위기 속에서 미국과 소련의 직접적인 대립은 나타나지 않았지만 베트남과 쿠바, 아프가니스탄 등 제3 세계에서의 충돌 가능성은 계속되었어.

하지만 점차 화해 분위기가 조성되면서 미국과 소련은 회담을 통해 자발적으로 군비를 축소했지. 다만 사회주의가 몰락한 1900년대 이후 전 세계적으로 인종, 민족 간 대립이 점차 심화되었고, 국지적인 분쟁이 나타나는 국가들 사이에서는 군비 경쟁이 치열하게 계속되고 있어.

1950년대 말부터는 알제리, 쿠바, 베트남에서 민족주의적 식민지 해방 전쟁과 통일 전쟁이 발생했어. 프랑스와 미국 등 과거 식민지를 보유했던 국가들은 자국에 유리한 정권을 세우기 위해 이 전쟁에 개입했어. 이에 미국과 프랑스, 독일, 이탈리아 등 유럽의 대학생들을 중심으로 징집 영장을 소각하고 징집을 거부하는 등의 전쟁 반대 운동이 전개되었어. 특히 베트남 전쟁 반대 운동은 미국을 비롯하여 전 세계적으로 일어났지. 이 운동은 단순한 반전 운동의 성격을 넘어 점차 여성 해방(페미니즘 운동), 흑인 민권, 성 평등 등 사회적 변혁을 추구하는 운동으로 발전했어. 그리고 멕시코, 에스파냐, 체코슬로바키아 등지로 확산되면서 정치적 자유와 민주화 운동으로 확산되었어.

이러한 흐름은 2000년대 미국의 이라크 침공을 반대하는 운동으로까지 계속되었지. 또한 미국과 소련을 중심으로 하는 두 진영의 핵무기 확대에 반대하는 반핵 운동도 일어났지. 1980년대 이후 미국과 소련 정부의 중거리 핵 미사일 배치와 각종 핵무기 사용 정책들에 반발하며 유럽과 미국 등지에서 반핵 운동이 펼쳐지기도 했어.

역사 속 재미 쏙

인류 최악의 원전 사고

1986년 소련의 우크라이나 체르노빌에서 원전 사고가 발생했어. 사고 지역에서는 엄청난 굉음이 들렸고 폭발 뒤 이곳은 쑥대밭이 되었어. 사고는 원자력 발전소 4호 원자로에서 안전 시스템을 시험하던 중 벌어졌어. 이 폭발로 원자로 뚜껑이 날아갔고 치명적인 방사능 오염 물질이 대기 중에 퍼졌지. 발전소 인근은 물론 유럽 지역까지 오염 물질이 흘러갔어. 구조 인력 약 60만 명을 투입했지만 제대로 된 안전장치를 하지 않아 많은 사람들이 목숨을 잃거나 후유증으로 고통을

▼ 체르노빌 원자력 발전소

당했지. 사고가 난 4호 원자로에 간신히 콘크리트를 쏟아부어 방사능이 더 누출되는 것은 막았지만 이미 많은 양의 오염 물질이 나온 상태였어. 사고 지역인 체르노빌은 말할 것도 없고 인근의 벨라루스 지역까지 수많은 사람들이 죽거나 방사능에 피폭되어 고통을 겪었지. 그 수가 무려 350만 명이야. 또한 우크라이나와 벨라루스 등 인근 지역은 토양 오염이 심각해져 사람이 살 수 없는 지역이 되어 버렸어. 사태의 심각성을 깨닫지 못한 소련 정부는 초기에 늑장 대응을 하며 사고를 키웠고, 이후에도 사고의 심각성을 인정하지 않고 숨기기만 급급했어. 체르노빌 원전 사고를 지켜본 사람들은 소련의 리더십을 의심했어. 사고 얼마 뒤 소련은 해체되고 말아.

세계인들을 충격으로 몰아넣은 원전 사고는 하나가 더 있어. 바로 2011년 일본 후쿠시마에서 벌어진 원자력 발전소 사고야. 원인은 도호쿠 지역 앞바다에서 발생한 강도 9.0의 큰 지진이었어. 이로 인해 바닷가 바로 옆에 지어졌던 원자력 발전소에 해일이 덮쳤고 엄청난 양의 방사성 물질이 밖으로 흘러나왔지. 아직까지도 원자로에서 방사능 물질이 공기 중으로 흘러나오고 있고 지하수를 통해 태평양으로 나가고 있어. 이는 또 바다 생물들을 오염시키고 결국 최고 포식자인 인간에게 치명적인 결과를 일으킬 거야. 사고가 일어난 뒤 일본 정부는 발전소 주변 사람들을 대피시켰지만 방사능에 노출된 사람들에게 각종 암이 발생하는 등 심각한 후유증을 앓고 있어.

이렇듯 수차례 발생한 원전 사고로 각국에서는 더 이상 위험한 원전을 사용하지 말자는 목소리가 높아지고 있어. 이것을 '탈핵 운동'이라고 하는데, 우리나라에서도 시민 단체를 중심으로 탈핵 운동을 하고 있어. 이들은 오래된 원전의 안정성을 지적하거나 발전소 인근 주민들의 건강을 조사했어. 그리고 정부에 안전한 원전 사용을 촉구하고 있단다. 이미 유럽에서는 탈핵을 선언했고 풍력, 조력, 수력, 태양열 에너지 등 원전을 대체할 만한 에너지를 이용하려고 하지. 또한 이들은 지구 환경을 지키고 경제도 발전시키는 '지속가능한 발전'을 실현하고 있어.

미래 사회를 위한 준비

제1, 2차 세계 대전 이후 인류는 각종 기술의 발전과 경제적 성장을 바탕으로 편안하고 안락한 생활을 꿈꾸어 왔어. 특히 사회주의권 국가들이 몰락한 1990년대 이후에는 경제 성장이라는 목표를 향하여 모든 나라가 노력하고 있어. 선진국이나 개발 도상국 모두 세계화가 국가 부의 창출에 큰 도움을 줄 것이라고 생각했어. 그러나 경제적 부의 증가가 모든 것을 해결해 주는 것은 아니야. 개발과 성장만을 강조할 것이 아니라, 국가의 적절한 개입을 통해 국민들이 누려야 할 기본적 권리를 평등하게 누릴 수 있도록 복지 사회 건설을 추구해야 하지.

한편 미래 세대를 위한 환경 보호에도 힘써야 해. 환경과 개발에 관한 세계 위원회(WCED)의 보고서에 제시한 '지속 가능한 개발'을 위해 환경 단체들과 각국 정부에서는 다양한 노력을 전개하고 있어. 또한 경제적 논리에 따른 정책이 아니라 환경 보호를 위한 정책을 수립하고, 국제적 차원에서도 다양한 국제 기구들이 다양한 환경 보호 정책을 펼치고 있지. 그리고 환경 보호를 위한 신기술을 개발하기 위해 노력하고 있단다.

📖 세계사가 한눈에 쏙!

01 과학 기술이 발전하면서 인간의 생활은 편리해졌지만 그만큼 대기 오염, 수질 오염, 오존층 파괴 등의 환경 문제도 심각해졌다. 또 세계화가 이루어지며 국가 간의 빈부 격차도 점차 커지고 있다.

02 팔레스타인 전쟁, 코소보 사태, 아프리카에서 벌어진 다수의 내전으로 많은 난민들이 갈 곳을 잃고 떠돌고 있다. 유엔 난민 기구는 이러한 난민들을 돕기 위해 국제적인 조치를 주도하고 있다.

03 기아와 질병은 인류를 위협하는 큰 문제이지만, 구호 활동에 필요한 물자와 인력, 의료 장비 등은 턱없이 부족한 상황이다.

04 미국과 소련은 핵무기 개발, 우주 관측, 미사일 및 폭격기 개발 등 여러 분야에서 경쟁했다. 팽팽하던 대립 분위기도 잠시, 두 국가는 군비를 줄이고 화해의 분위기를 조성했다. 전 세계적으로 다양한 형태의 반전 운동, 반핵 운동이 일어났고, 이는 여성 해방, 인권 신장, 성 평등과 같은 사회 변혁적 운동으로 확산되었다.

05 각국의 이익만을 추구하지 않고 전 세계적으로 환경을 함께 보호하기 위한 여러 노력들이 이루어지고 있다.

사진 저작권

| 8쪽 이집트 혁명 [출처] 위키피디아 (CCO)
| 9쪽 인도 국민 회의 깃발 [출처] 위키피디아 (CCO)
| 10쪽 암리차르시의 학살 [출처] 위키피디아 (CCO)
| 10쪽 암리차르시 학살 당시 총알 자국 [출처] 위키피디아 (CCO)
| 10쪽 암리차르시에 있는 추모비 [출처] 셔터스톡
| 11쪽 간디의 소금 행진 [출처] 셔터스톡
| 11쪽 간디의 소금 행진 기록 주화 [출처] 셔터스톡
| 14쪽 루피 [출처] 셔터스톡
| 14쪽 물레 돌리는 간디 [출처] 위키피디아 (CCO)
| 16쪽 수카르노 [출처] 위키피디아 (CCO)
| 16쪽 호찌민 [출처] 위키피디아 (CCO)
| 17쪽 위안스카이 [출처] 위키피디아 (CCO)
| 18쪽 1차 세계 대전 당시 중국인 노동자 [출처] 위키피디아 (CCO)
| 18쪽 5·4 운동 [출처] 위키피디아 (CCO)
| 20쪽 장제스 [출처] 위키피디아 (CCO)
| 20쪽 푸이 [출처] 위키피디아 (CCO)
| 21쪽 무스타파 케말 [출처] 위키피디아 (CCO)
| 23쪽 사카리아 전투 [출처] 위키피디아 (CCO)
| 25쪽 돌마바흐체 궁전 [출처] 셔터스톡
| 25쪽 무스타파 케말 추모식 [출처] 셔터스톡
| 26쪽 쿠르드족 [출처] 위키피디아 (CCO)
| 27쪽 알제리에 있던 프랑스 군인 [출처] 위키피디아 (CCO)
| 32쪽 냉전(깃발) [출처] 셔터스톡
| 34쪽 냉전 풍자화 [출처] 위키피디아 (CCO)
| 35쪽 해리 트루먼 [출처] 위키피디아 (CCO)
| 36쪽 마셜 플랜 [출처] 셔터스톡
| 37쪽 조지 캐틀렛 마셜 [출처] 위키피디아 (CCO)
| 40쪽 베를린 봉쇄 관련 사진 [출처] 위키피디아 (CCO)
| 41쪽 북대서양 조약 기구 [출처] 위키피디아 (CCO)
| 41쪽 바르샤바 조약 기구 [출처] 위키피디아 (CCO)
| 42쪽 6·25 전쟁 피난민 [출처] 위키피디아 (CCO)
| 43쪽 피델 카스트로 [출처] 위키피디아 (CCO)
| 45쪽 체 게바라 [출처] 위키피디아 (CCO)
| 46쪽 스푸트니크 1호 [출처] 위키피디아 (CCO)
| 46쪽 라이카의 우주복 [출처] 위키피디아 (CCO)
| 46쪽 유리 가가린 [출처] 위키피디아 (CCO)
| 47쪽 닐 암스트롱 [출처] 위키피디아 (CCO)
| 47쪽 닐 암스트롱의 달 착륙 [출처] 위키피디아 (CCO)
| 48쪽 마오쩌둥 [출처] 위키피디아 (CCO)
| 49쪽 대약진 운동 당시 철강 생산지 [출처] 위키피디아 (CCO)
| 50쪽 대약진 운동 [출처] 위키피디아 (CCO)
| 51쪽 홍위병 [출처] 위키피디아 (CCO)
| 53쪽 톈안먼 [출처] 셔터스톡
| 55쪽 자유의 상(기념비) [출처] 위키피디아 (CCO)
| 55쪽 덩샤오핑 [출처] 위키피디아 (CCO)
| 59쪽 펜타곤 보고서 [출처] 위키피디아 (CCO)
| 60쪽 베트남 반전 운동 [출처] 위키피디아 (CCO)
| 61쪽 존 레논 기념 우표 [출처] 셔터스톡
| 61쪽 프라하 존 레논의 벽 [출처] 셔터스톡
| 66쪽 마틴 루터 킹 조각 [출처] 셔터스톡
| 68쪽 헝가리군에게 응원을 보내는 부다페스트의 군중 [출처] 위키피디아 (CCO)
| 68쪽 알렉산드르 둡체크 [출처] 위키피디아 (CCO)
| 69쪽 프라하의 봄 [출처] 위키피디아 (CCO)
| 70쪽 네루와 저우언라이의 만남 [출처] 위키피디아 (CCO)
| 71쪽 아시아·아프리카 회의 [출처] 위키피디아 (CCO)
| 72쪽 티베트로 진군하는 중국 인민군 [출처] 위키피디아 (CCO)
| 72쪽 제3 세계의 기아 문제 [출처] 위키피디아 (CCO)

| 74쪽 유럽 연합 상징기 [출처] 셔터스톡
| 75쪽 샤를 드골 [출처] 위키피디아 (CCO)
| 76쪽 68 혁명 [출처] ⓒ 연합뉴스
| 78쪽 존 F. 케네디 [출처] 위키피디아 (CCO)
| 80쪽 경찰관과 로자 파크스 [출처] 위키피디아 (CCO)
| 80쪽 버스 안 타기 운동 [출처] 위키피디아 (CCO)
| 81쪽 마틴 루터 킹 기념 계단 [출처] 셔터스톡
| 82쪽 리처드 닉슨 [출처] 위키피디아 (CCO)
| 85쪽 중국과 미국의 친선 탁구 대회 [출처] 위키피디아 (CCO)
| 85쪽 닉슨 대통령의 중국 방문 [출처] 위키피디아 (CCO)
| 86쪽 닉슨 탄핵 시위 [출처] 위키피디아 (CCO)
| 87쪽 빌리 브란트 [출처] 위키피디아 (CCO)
| 88쪽 유대인 희생자 위령비 앞에 무릎 꿇은 빌리 브란트 [출처] 위키피디아 (CCO)
| 89쪽 베티 프리단 [출처] 위키피디아 (CCO)
| 94쪽 이스라엘 텔아비브에서의 부상병 [출처] 위키피디아 (CCO)
| 97쪽 제 1차 중동 전쟁 [출처] 위키피디아 (CCO)
| 97쪽 제 1차 중동 전쟁 시 교전 중인 아랍 소대 [출처] 위키피디아 (CCO)
| 97쪽 대포를 발사하는 아랍 군대 [출처] 위키피디아 (CCO)
| 99쪽 분리 장벽 [출처] 셔터스톡
| 99쪽 오슬로에서 만난 이스라엘, 미국, 팔레스타인 지도자 [출처] 위키피디아 (CCO)
| 101쪽 제4차 중동 전쟁 [출처] 위키피디아 (CCO)
| 102쪽 석유 파동 [출처] 위키피디아 (CCO)
| 102쪽 석유 파동 시 비상 배송을 위한 우선 순위 카드들 [출처] 위키피디아 (CCO)
| 102쪽 No gas today [출처] 셔터스톡
| 103쪽 루홀라 호메이니 [출처] 위키피디아 (CCO)
| 104쪽 석유 수출국 기구 깃발 [출처] 위키피디아 (CCO)

| 104쪽 석유 수출국 기구 국제 세미나(2018) [출처] 위키피디아 (CCO)
| 104쪽 오일 펌프와 송유관 [출처] 셔터스톡
| 105쪽 케인스 [출처] 위키피디아 (CCO)
| 106쪽 시카고 무료 급식소 앞에 줄 서 있는 사람들 [출처] 셔터스톡
| 108쪽 마거릿 대처 [출처] 위키피디아 (CCO)
| 109쪽 마거릿 대처의 정책에 대한 탄광 노동자들의 시위 [출처] 위키피디아 (CCO)
| 110쪽 로널드 레이건 [출처] 위키피디아 (CCO)
| 112쪽 무자헤딘 군사들의 모습 [출처] 위키피디아 (CCO)
| 113쪽 아프가니스탄에서 귀국하는 소련군 [출처] 위키피디아 (CCO)
| 113쪽 아프가니스탄 전쟁 추모비 [출처] 위키피디아 (CCO)
| 113쪽 미하일 고르바초프 [출처] 위키피디아 (CCO)
| 114쪽 몰타섬에서 식사하는 조지 부시와 고르바초프 [출처] 위키피디아 (CCO)
| 115쪽 보리스 옐친 [출처] 위키피디아 (CCO)
| 116쪽 독립 국가 연합 깃발 [출처] 위키피디아 (CCO)
| 116쪽 독립 국가 연합 회의 기념사진 [출처] 위키피디아 (CCO)
| 118쪽 베를린 장벽(1) [출처] 위키피디아 (CCO)
| 118쪽 베를린 장벽(2) [출처] 위키피디아 (CCO)
| 120쪽 코소보 난민 [출처] 위키피디아 (CCO)
| 126쪽 라니냐로 발생한 홍수 [출처] 셔터스톡
| 127쪽 쓰레기로 오염된 바다 [출처] 셔터스톡
| 127쪽 비닐 봉지를 삼키는 거북이 [출처] 셔터스톡
| 127쪽 지구 온난화로 녹아 버린 빙하와 북극곰 [출처] 셔터스톡
| 128쪽 브라질의 아마존 열대 우림 [출처] 셔터스톡
| 131쪽 유럽을 떠도는 난민 [출처] 셔터스톡
| 134쪽 체르노빌 [출처] 셔터스톡

열다 지식을 열면, 지혜가 열립니다. 나만의 책을, 열다.

한눈에 쏙 세계사
9 냉전 체제와 현대 세계

초판 1쇄 발행 2020년 01월 02일
초판 6쇄 발행 2023년 01월 05일

글 박효연 그림 이은열 감수 박소연·손은혜

ⓒ 박효연, 이은열 2020

ISBN 979-11-90267-38-0 73900

* 저작권법에 의하여 한국 내에서 보호를 받는 저작물이므로 무단 전재와 무단 복제를 금합니다.
* 이 도서의 국립중앙도서관 출판예정도서목록(CIP)은 서지정보유통지원시스템 홈페이지(http://seoji.nl.go.kr)와
  국가자료공동목록시스템(http://www.nl.go.kr/kolisnet)에서 이용하실 수 있습니다. (CIP제어번호: CIP2019051536)
* 책값은 뒤표지에 있습니다.
* 잘못 만들어진 책은 구입하신 곳에서 바꾸어 드립니다.

발행처 주식회사 스푼북 | 발행인 박상희 | 출판신고 2016년 11월 15일 제2017-000267호
제조국 대한민국 | 주소 (03993) 서울시 마포구 월드컵북로 6길 88-7 ky21빌딩 2층
전화 02-6357-0050(편집) 02-6357-0051(마케팅)
팩스 02-6357-0052 | 전자우편 book@spoonbook.co.kr
*12세 이상 어린이 제품

열다 는 스푼북의 어린이책 브랜드입니다.

| 제품명 한눈에 쏙 세계사 9 | 제조자명 주식회사 스푼북 | 제조국명 대한민국
전화번호 02-6357-0050 | 주소 서울시 마포구 월드컵북로 6길 88-7 ky21빌딩 2층
제조년월 2023년 01월 05일 | 사용연령 12세 이상
※ KC마크는 이 제품이 공통안전기준에 적합하였음을 의미합니다.

⚠ 주 의
아이들이 모서리에 다치지
않게 주의하세요.